Star
星出版

新觀點
新思維
新眼界

Star 星出版

懷疑思考

正しい答えを導くための疑う思考

認識偏誤，駕馭資訊與情緒，
破框進階，提升你的核心競爭力

岡佐紀子 著
謝敏怡 譯

目錄

第2章 「懷疑思考」的三種基本思考法

第3章 「認知偏誤」與「成見」讓你做出錯誤判斷

第4章 駕馭資訊的訣竅

第5章 認識自己的思考偏好，培養客觀的判斷能力

第6章 「懷疑思考」讓你的工作更有效率

前言

看見不同的可能性，放大你的成功率

現在日本最具代表性的超級巨星之一，職業棒球選手大谷翔平絕對榜上有名。他有非常多為人津津樂道的故事，但最引人矚目的，應該就是他集投手和打者於一身，兼具攻擊與防禦「二刀流」的能力。

職業棒球界一直以來都認為，球員無法妥善兼具投手和打者兩種身分。學生棒球有很多「既是投手，也是第四棒打者」的選手，但是在職業棒球界想要擠出頭，就必須在投手或打者擇一專攻，兩者兼具的想法容易讓職業生涯耗損殆盡，這是棒球界的「常識」。

比方說，過去曾在歐力士和大聯盟服役的鈴木一朗，在學生時代當過投手，但是進入職業棒球隊後變成了外野手，專心於打擊上。

而大谷翔平選手打破了這個「世界常識」，活躍的表現吸引了全世界的目光。多虧了他的成功，在不久的將來，應該會有越來越多的二刀流選手出現吧。

這樣的例子還有很多。在過去，田徑100公尺要跑出10秒以下的成績，是非常困難的一件事，甚至還有「10秒大關」這樣的成績關卡形容。然而，在1968年的奧運，出現了第一位打破10秒大關的選手後，跑出10秒以內好成績的選手便陸續出現。

只要出現一位「打破常識」的人，就會接二連三出現這類「打破常識」的人。這個現象不僅限於運動界，商場上也有非常多相似的例子。

過去，一邊受僱於公司，一邊以經營者身分經營自己的事業，是職場的禁忌。因為公司通常會認為，「員工經營副業是敵對行為，會奪走自家公司的利益。」

企業一般也大多認為，已經獨立展開自己事業的人「很難用」，常常態度消極、不大願意僱用。

然而，現在副業解禁，社內創業的人不斷增加，公司僱用自行創業、經營公司的學生的案例也屢見不鮮。

社會對自己創業、經營公司的學生的印象，從「在學期間就自己創業的人，對組織管理來說，可能不是好用的人才」，變成「在學期間就自己出來創業，代表具有相當高的經營能力，僱用他對我們公司來說有好處。」簡單來說，就是社會的價值發生了轉變。

像這樣，**我們身處環境的「常識」時常在變化**，有時甚至發生由白轉黑的極端例子。

這種變化的速度越來越快。例如，近幾年來的AI科技發展，進步的速度快得驚人。

倘若思維無法與時俱進，跟不上社會變化的腳步，現在所帶來的傷害，恐怕不只被冠上「落伍」之名而已。**跟過去相比，在今後的時代，自主思考、採取行動的積極態度顯得越來越重要。**

要養成這種積極的態度，就必須具備本書所介紹的「懷疑思考」的能力。

很抱歉，現在才報上名來，我叫岡佐紀子。

解決企業的問題，是我過去二十年以來長期專注的課題。

我往下深掘企業的煩惱根源，並且提供解決那些煩惱的策略。有時，是以既有的制度和系統為基礎，提供改善方案；有時，則是舉辦研習營，改變組織成員「人」的意識，啟發員工的能力等等途徑開始。

我從過去眾多的研習和顧問諮詢經驗中感受到一件事，那就是無論在「商場上」還是「個人生活中」，**「懷疑思考」都是未來不可或缺的重要技能之一，而且這項技能非常簡單明瞭，只要持續不斷地問「那是真的嗎？」就對了。**

這種提問的效果之大，讓人難以想像。學會「懷疑思考」，能夠大幅提升工作效率。

實際上，我們身邊有非常多的事物，都值得我們去懷疑。甚至可以說，每一件事情都值得懷疑。

- 「銷售通路沒辦法再擴大了。」

  真的嗎？

•「這項商品，女性不愛。」

真的是這樣嗎？

•「網路上說，〇〇非常受歡迎。」

真的嗎？

學會「懷疑思考」後，觀察事物的視角便會逐漸增加。**一直以來都當作理所當然、深信不疑的東西，當你採用「疑問」的觀點來看，問道：「那是真的嗎？」，便有機會看到不一樣的可能性。**

現在，很多人都是上社群媒體查找資料，假如增加了一個新的觀點：「那個資訊真的正確嗎？」，你可能會想到「也來看看其他資料好了」，改變了你的行為。

「現在待的職場沒什麼發展性，能做的就這些了。」像這樣的成見，假如用「那是真的嗎？」來懷疑看法，應該可以發現「待在現在的職場，原來還有其他可以嘗試的事情。」

只不過是從不一樣的角度來觀看事物，很多時候「做不到」會變成「做得到」。

舉辦研習營時，我看到非常多從「做不

到」變成「做得到」的瞬間。看到大家突然發現原來自己充滿了可能性，臉上瞬間放射出光芒時，讓我感覺到無比喜悅——「能做這份工作，真是太好了！」

期望各位在閱讀這本書時，也能夠體驗到這種暢快感和身心變輕盈的感覺。

「懷疑思考」是開拓你的可能性、增加工作價值的珍貴夥伴。歡迎你閱讀本書，一起體驗「懷疑思考」的樂趣吧。

第 1 章

「懷疑思考」是現代人的必備技能

現在我們「思考」的機會越來越少

我為許多企業提供培訓與顧問服務，接觸過好幾萬名的商務人士。最近，我發現到一個現象，那就是許多人接到指示都直接執行，毫不懷疑。

舉例來說，某家公司需要郵寄產品介紹給客戶。一位資深員工交代新進員工：「請把這張傳單折成三折後放進信封」，並遞給對方一份範例。這項工作看似簡單，資深員工認為有範例參考，應該不需要額外說明，任何人都做得到。

然而，過了一段時間後，他回來查看進度，卻發現傳單的折痕歪斜、大小不一，甚至有許多折好的宣傳單因為尺寸不符，放不進信封裡，導致作業必須全部重來。

資深員工覺得很困惑：「為什麼這麼簡單的作業會出錯呢？」「明明有範例，為什麼還是做不好？」「不知道怎麼做的話，為什麼不來問呢？」

但事實上，這個問題有部分是資深員工造成的。他先入為主地認為：「給範例，對方就一定做得到」，而未說明清楚作業的要點；同時，他也預設對方應該都懂，而沒有進一步解釋後續的步驟。

另一方面，新進員工也覺得很煩惱：「學不會這份工作。」「不知道自己哪裡不懂，連問問題都不知道從何問起。」「想要獨立思考、自主採取行動，卻常常自以為是，做出來的結果與主管和前輩的期待不符，弄巧成拙。」

其實，**這些問題的根源在於，並未思考這項工作「該怎麼做才能做好」，以及對自己的想法過度自信，以為「這樣做一定沒問題」。**

在這個案例中，無論是資深員工還是新進員工，都在工作推進的過程中產生了挫折。

為什麼會出現這種情況呢？

當然受到各種因素影響，但我認為最主要的原因，還是在於「思考能力」的鈍化。

網路的普及，使我們日常生活中可接觸的資訊大幅度增加。我們可以在幾秒鐘內，迅速連結生活在地球另一端的人使用的社群媒體；在家裡，就可以閱讀到世界各地的學術論文，也可以線上造訪國會圖書館，接觸幾百年前先人所撰寫的古籍文獻。

「想要」，馬上就可以得到，我們生活在一個非常便捷的時代。現代社會中，我們一天所獲得的資訊量，相當於江戶時代一個人一年所獲得的資訊量，*甚至是平安時代一個人一生所獲得的資訊量。

網路使我們能夠瞬間獲得大量資訊，反而導致我們的思考能力下降。龐大的資訊，使得我們非常仰賴雲端等外部記憶。我們不再需要自行尋覓、調查事物，也無須設法牢記得到的資訊。

* 江戶時代為1603年-1868年，又稱「德川時代」。平安時代為794年-1185年。

這裡恕我冒昧請教幾個問題。

你有辦法正確說出經常聯絡的客戶，以及他們所屬的部門名稱嗎？

你知道公司重要客戶的總部位在哪裡嗎？

你能正確無誤地說出自家公司完整的地址嗎？

你老闆的全名叫什麼？

你知道你們部門的電話號碼嗎？

你有辦法把朋友和家人的電話號碼背出來嗎？

應該很少人能夠全部都記得一清二楚。不需要特別記的東西，我們就不會記得。

假如你想做咖哩，沒有食材，想做也做不出來。思考也是同樣的道理，頭腦裡沒有情報資料，換句話說就是沒有材料，我們便無法思考。

當我們缺乏資訊與知識時，遇到不明白的事情，想破頭也想不出個所以然。無法透過思考來解決問題時，只能選擇先上網搜尋答案，因為簡單查一查找一下，就可以得到答案。結果，使得**我們習慣「先查一下再思考」，導致**

主動思考的機會越來越少。不斷重複這樣的過程，最後我們的思考能力不知不覺中變得越來越弱。

■ 8種培養思考能力的方法

那麼，該如何培養思考能力呢？只要記住更多資訊、增加知識就夠了嗎？

知識的累積確實很重要，但光是擁有豐富的知識，並不代表思考能力就會隨之提升。要鍛鍊出真正優秀的思考能力，光是增加知識是不夠的。

我平時有重訓的習慣，假如好好練習，肌肉一定會越練越結實。連我的教練也說：「肌肉絕對不會背叛你！」**思考就跟肌肉一樣，需要持續的鍛鍊。定期的自我訓練，能夠培養出卓越的思考能力。**

下列是8種培養思考能力的方法。

①有意識地為自己預設思考時間。你可以刻意為自己預留時間，在做調查之前，先試著自己思考答案，從而培養獨立思考的能力。比

方說，當你對某件事情產生疑問時，請先試著自己思考，不要立刻上網搜尋。

②寫日記。寫下每天發生的事情、學到的知識，以及你的感受，有助於梳理想法，深入思考。寫日記也能記錄自我省思和解決問題的過程，從中建立思考模式，尋找改善的策略。

③跟別人討論想法和感受。與家人朋友討論那天發生的事情、你聽聞到的事情，或是最近你感興趣的新聞，能讓你有機會從不同的角度觀看事物。聆聽他人的意見，可以幫助你重新評估自己的想法，獲得新的觀點。

④廣泛閱讀。不同類型的書，不僅能夠拓展知識的廣度，同時可以接觸到不同作者的邏輯思考模式。不只單純閱讀，閱讀之後，針對內容提出自己的看法，有助於培養獨立思考的能力。

⑤練習解決問題。從日常生活遇到的小問題開始，練習自己想辦法思考出解決對策。比方說，可以練習解決時間管理問題，或是家庭裡的小問題。

⑥懷疑真實性。懷疑很重要，但必須有意識地區分事實和意見，有根據地進行評估，從中找出邏輯謬誤。「真的是這樣？」提出疑問，能夠幫助你更深入、更有邏輯地思考。

⑦挑戰嘗試新事物。培養新興趣、學習新技能，可以活化大腦，使得思考更加靈活有彈性。在未知的領域挑戰自我，能夠幫助你找到解決問題的新方法和新觀點。

⑧刻意跟不同價值觀的人交流。如果總是只跟擁有相同價值觀的人交流，思考很容易變得偏頗狹隘。刻意跟不同背景、觀點和想法的人對話，能讓自己發現「原來還有這樣的看法與思維」，透過從不同角度觀察事物，進一步培養思考能力。

順帶一提，我跟第一次見面、不知道對方什麼來歷的人聊天，大概聊個十分鐘左右，就可以大致掌握他們面對什麼樣的問題、有什麼樣的煩惱，以及他們身處怎麼樣的環境。為企業提供顧問諮詢時也是一樣，簡短聊一聊之後，我就能比其他在場的人更清楚說明該公司的優勢、產品特性以及目前面臨的問題。

我總是能夠說明得非常精確，其他人常常驚訝問我：「岡桑，您怎麼這麼清楚？」

其實，只要稍加訓練，任何人都可以有辦法間接掌握別人的情況，向對方說明他們所遇到的問題。

獨立思考的能力，能夠幫助你解決所屬部門的問題，使其變得更完善；協助你規劃出新的服務和產品，提升自己的能力。而其中一種思考技巧，就是本書的主題「懷疑思考」。

人們總覺得自己的想法是最正確的

請你思考一下下列的問題。

「假如你可以免費得到一輛車，任何品牌款式都可以，你想要什麼樣的車？」

你的腦海中浮現出什麼答案？

請讓我再問你一個問題。

「你為什麼會選擇那輛車？」

實際上，我在研習營上也會詢問大家這兩個問題，答案還真的是五花八門。

有的人說：「我想要世界上最貴的車子，因為我想把它變賣成現金。」有些人則說：「我想要一輛持有成本不高、好開的輕型汽車。」

TOYOTA 有一款叫做「Land Cruiser」的 SUV（越野運動休旅車）非常受歡迎，很多人都選擇了它。當我問他們：「為什麼會選擇這款車？」，每個人各有各的理由。例如：「因為這款車很受歡迎，我也想開開看」，或是

「價格跌幅不大，有利於未來中古轉賣。」

當有人說「拿到車子之後要轉賣」，氣氛通常就會變得有點尷尬（笑）。可能有人會說：「把別人送的東西拿去轉賣很沒道德」；相反的，有些人也說：「選擇輕型汽車？太沒夢想了。」**用這種方式主張自己的意見時，人們多半不會對自己的價值觀產生任何懷疑。**

當我們繼續往下問：「轉賣之後，你想要拿那筆錢去做什麼？」有些人會回答：「我要拿這筆錢買車子給大家」，或是「我想帶爸媽去旅行。」

聽到這樣的理由之後，最初冷眼看待、覺得「怎麼可以轉賣呢？」有很多人在現場的氣氛發生了變化。有些人可能開始這麼想：「之前覺得轉賣很沒道德、絕對是錯的，但也許有些時候，轉賣其實沒那麼糟糕？」

在做這類練習的過程當中，嘗試從不同的角度觀看事物，除了能夠察覺到自己的看法之外，還能夠發現其他各式各樣的價值觀存在。

事實上，透過這類練習，你可以審視自己

對於金錢的看法，重新釐清生活中什麼樣的價值觀才是最重要的。**發現自己認為「正確」的價值觀之外，還有其他各種不同的價值觀，能讓你有機會從新的角度來觀看自己。**

好，你現在已經透過本書，模擬體驗了我在研習營上為大家做的練習。

接下來，請你重新思考一下你們公司現有的商品——那項商品，真的是你（們）所想的那樣嗎？

我與初次見面的人開會時，經常會刻意只吸收公司簡介或產品說明書上所寫的資訊。接著，我會請對方說明。「我完全不清楚內容，可以請你說明一下嗎？」然後，我會不斷反覆詢問：「真的是那樣嗎？」「為什麼是那樣呢？」

比方說，像這樣一問一答。

岡：「你覺得，什麼樣的人有卡友信貸的需求？」

負責窗口：「需要錢的人。」

岡：「需要錢的人，是真正的客戶嗎？」

負責窗口：「因為他們想要借錢啊。」

岡：「真正需要錢的人，有辦法申請到卡貸嗎？」

負責窗口：「沒辦法，因為有審核機制。他們申請不到卡貸的。」

岡：「什麼樣的人是卡貸的客戶？可以請你再說一次嗎？」

負責窗口：「不是真正為了金錢走投無路的人。」

當負責窗口跟我說：「卡貸這項商品，是針對需要錢的人。」一開始我也以為，有經濟困難的人，才有金融機構卡貸服務的需求。但是，經過幾番資訊的整理和深入思考後，我們發現，真正需要錢的人大多無法使用這項服務，因為他們往往無法通過銀行貸款的審核。換句話說，卡貸的真正客戶，其實不是那些真正為了金錢走投無路的人。

這說明了一件事：我們對產品或服務先入為主的假設和成見，往往會讓我們看不清楚事情的真相。

負責解說商品的人，應該在商品的研習會聽過商品的簡介，相當瞭解商品的目標客群和商品特色才對。

但假如心中已經有了固定觀念，認為「事情一定是這樣沒錯！」，即使事前接受了商品的教育訓練，也無法正確地理解商品，當然也無法有效觸及真正的目標客群。**一旦心中有了「這才是正確的」假設，便容易對這樣的想法深信不疑，而不再主動思考與驗證，便吸收不到正確的知識。**

這可能也是讓人有話說不清，無法把自己的意思好好傳達給他人，對自己說明的內容沒有信心的原因所在。

透過從各種不同的角度來提問，我的腦海中會逐步建立起事情的整體圖像。透過懷疑的角度來看待事物，有機會看見所涉及的整體面貌，進一步發掘出產品或服務的優點和特徵，因此得以比應當熟知相關事務的負責人或經營者，更快且更精準地掌握結構與關鍵，也能以更簡潔的方式說明清楚其運作方式。

你不需要具備任何特殊能力，就可以做到這一點。

請試著深入思考你所負責的產品或服務的目標客群為何。**當你從不同的角度來思考時，應該可以發現迄今為止從未看見的其他面向。**

VUCA時代的常識，是過去的違反常識

日本少子高齡化社會的現象越來越顯著，加上物價上漲，在日本，日子變得越來越難過了。新冠疫情為日本整體經濟帶來了相當大的打擊。此外，近年來，一般來說數十年才會發生一次的重大天災，頻繁發生在全國各地。

當今這種充滿不穩定性的時代，稱為「VUCA時代」。

「VUCA」是波動性（Volatility）、不確定性（Uncertainty）、複雜性（Complexity）和模糊性（Ambiguity）的首字母縮寫字，指的是一種充滿不確定性、難以預測未來的狀態。VUCA最初是1990年代後期美國使用的軍事用語，現在也被廣泛使用在商業領域。

在瞬息萬變的VUCA時代，過去的成功法則未必有效。價值觀越來越多元，意見一提

出，馬上就會出現異議。別說十年後了，就連兩、三年後的事情也無法預測。未來變化的速度，恐怕只會越來越快速。

過去人們認為，只要找到一份正職工作，就可以一輩子高枕無憂，認為「跳槽」或「轉職」是一件「奇怪」的事情。然而，社會風氣改變，現在跳槽或轉職都已經成為常態。過去社會普遍認為「做什麼副業？沒規沒矩」，然而現在日本政府則是大力推廣大家兼副業。

現在，請你回想一下你小時候的事情。

當時流行些什麼？

那些東西現在還在嗎？

比方說，現在有任天堂Switch和線上遊戲等等遊戲，但是在我出生的那個年代，任天堂連紅白機都還沒有發售呢。

你以前是怎麼跟別人通訊聯絡的呢？假如你想跟朋友講話聊天，現在拿起手機，馬上就可以通話或傳訊息。但是在過去，必須從家裡打電話到朋友家中，先說：「請問某某某在嗎？」，然後請接聽電話的人轉接。跟情人聯絡時也是如此，想必有些人應該有電話接起來，對方回說：「他不在！」，電話轉接不到情人那裡的苦澀回憶吧。

雖然只是短短二、三十年前而已，但是過去和今日的世界似乎截然不同，而且未來的變化還會越來越快速。

資訊產業把「變化速度非常快速」稱為「狗年」（dog year），因為狗的成長速度是人類的7倍。然而，科技變化速度實在是太快了，因此大約從2000年左右，人們開始使用「鼠年」（mouse year）來取代狗年。

老鼠的成長速度是人類的18倍。然而，現在科技進步的速度之快，就連「鼠年」這個名詞似乎也不大適用了。

前幾天，我正在準備研習營要用的資料。研習的主題是員工的服裝，因此我需要在資料中貼上男女服裝的圖片。

直到不久之前，使用圖片時，必須從免費圖庫中尋找合適的圖片，或是請身邊的人當模特兒拍照使用。但現在AI科技進步，可以直接請AI生成你想要的圖片來使用。

用AI生成的照片當作培訓教材，這在十年前是難以想像的事情。哆啦A夢和原子小金剛所處的未來世界，說不定比我們想像的更快就會實現。

那麼，我們如何在VUCA時代中求生存呢？

努力做好分內工作？

選擇一項工作所需的技能，並且精益求精，持續努力磨練相關技能？

重新把英文學好？

取得國家證照？

存錢？

不久之前這些被視為「正解」的策略，現在仍然適用嗎？

基於什麼樣的理由，讓你覺得那是正確的策略呢？

我認為，**在VUCA這樣轉瞬變化的時代，過去那種「尋找正確解答」的方式已經不再適用。**

換個角度思考，開拓出新市場

社會變遷也使得市場發生變化，金融業就是一個顯著的例子。

日本曾有超過1,100家的銀行，但現在只剩下不到600家。過去曾有14家都市銀行，現在卻只剩5家。

這種變遷的背景原因在於，科技的進步與人們生活型態的改變，尤其是電子貨幣與虛擬貨幣的出現，徹底改變了人們使用和管理金錢的方式。

電子貨幣和線上支付的普及，減少人們提領現金的需求，因此銀行端重新審視ATM設置與維護成本的必要性。

此外，網路銀行和手機行動銀行APP的普及，減少了人們造訪實體銀行的機會。這促使銀行重新審視分行據點的固定成本，尤其是都心高昂的租金和人事支出。

隨著客戶服務日益數位化，銀行不斷優化、精簡分行網絡，試圖轉型成為更靈活且更具彈性的營運模式。

為了適應這樣的變化，金融機構致力開發新服務，並且積極運用數位科技，不斷摸索新方法以滿足客戶的需求。金融機構的未來，取決於如何妥善克服這些挑戰，將危機化為轉機。

在這樣的背景下，我們看到不少書籍和YouTuber都說「銀行如風中殘燭」。

但是，銀行真的已經「過時」了嗎？且讓我們用懷疑的角度來思考這個問題。

以往的做法已經不再適用，這也意味著我們有機會創造新的模式。實際上，真的也有許多銀行改變既有的營運型態，積極嘗試新的挑戰。

北海道銀行是一家地方銀行，致力於DX（Digital Transformation, DX），也就是「數位轉型」，參與了「BHIP區塊鏈北海道創新計劃」。其中一項專案，便是回收可調劑處方箋藥局（下列簡稱「藥局」）的庫存。

我們去醫院看病時，會拿處方箋至藥局領藥。由於藥局大多是個人經營，各店鋪之間並未互通有無，每間藥局必須各自管理自己的庫存。而有學名藥*的藥品，藥局就必須同時準備學名藥和原廠藥。

某些種類的藥品，假如沒有庫存，就必須調貨。有些藥品，某間藥局有庫存，而另一間藥局沒有庫存。個人經營的藥局，這種藥品缺貨的情況相當頻繁，對拿著處方箋前來領藥的患者來說，這樣的藥局使用起來恐怕稱不上便利。

因此，北海道銀行以BHIP事務局的身分提供整體系統的支援。北海道銀行與物流公司和系統開發公司合作，開發出一套系統，能讓各藥局庫存可視化，可以互通有無調貨。除此之外，北海道銀行也提供其他服務，比方說閒置空屋的媒合與農業支援等等。

---

* 「學名藥」指的是原廠藥專利過期後，獲政府核准後，其他合格藥廠以同樣成分與製程生產的仿製藥品，價格相較原廠藥低廉。

山梨中央銀行把員工派遣至釀酒廠、旅館與超市工作，派遣一年後他們便會回到銀行的工作崗位上，接著改以顧問的身分，支援原先被派遣到的企業。

不只是北海道銀行和山梨中央銀行，著手進行創新改革的銀行前赴後繼。過去認為「維持現狀最安全」的銀行，都接二連三地進行各種原本難以想像的嘗試。相對有行動力的區域性銀行，這類創新活動尤其活躍。

銀行當然也有「太危險了，快逃跑啊！」這個選項，但**地基搖搖欲墜也代表著相對有彈性。正因為有彈性，才能夠放手進行各種新的嘗試**。假如銀行還像過去那樣過著高枕無憂的日子，恐怕會說：「我們是金融機構，別做其他不相干的事」，而不會去做這些新嘗試了吧。

為什麼他們能夠做到呢？

是因為從外部聘請了豐富專業知識的顧問嗎？還是因為每位員工熟練掌握了業務內容，把工作技能完美應用到其他事情上了嗎？

不，並不是這樣。

是因為**「他們徹底懷疑了現狀」**。

「銀行真的過時了嗎？」

「因為我們是銀行，所以我們只能跟錢打交道嗎？」

「有什麼事情是只有銀行才做得到的？」

「我可以把我的金融知識，應用到什麼事情上呢？」

「我有辦法一邊在銀行工作，一邊實現原先想辭去銀行工作後想做的事情嗎？」

盤點自己手上擁有哪些資源，並思考可以利用這些資源做些什麼。遇到挫折，就再次提出疑問：「真的做不到嗎？」他們運用懷疑思考，不斷試誤，最後開拓出新市場，擴大了銀行的業務範圍。

那並不是因為他們是銀行，所以才做得到，無論是保險業還是顧問業通通也做得到，這種方法適用於各行各業。

運用「懷疑思考」，照亮看似不可能的事情，孕育出各種可能性。假如你現階段認為

「我做不下去了」或是「我做不到」，請先從這裡開始嘗試。

請試著問問自己：「真的是如此嗎？」

你的新世界將就此開展出去。

網路容易蒐集到片面資訊

現在，懷疑思考顯得越來越重要，這是因為我們獲得的資訊量雖然龐大，映入眼簾的資訊卻變得越來越偏頗。

假如繼續只蒐集自己想看的資訊，觀看事物的視野就會在不知不覺中變得越來越狹隘，而且容易以為自己看見的世界才是正確的。

有一天，我想買一套套裝，就用電腦上網搜尋了一下。結果，從那個時間點開始，我的社群網絡和媒體廣告都布滿了套裝的廣告，相信大家都有過這樣的經驗吧。

當你和其他人在一起時，不妨用各自的手機打開Yahoo!新聞等新聞媒體來看看。你應該會發現，畫面上排列的新聞標題都不大一樣。

當我們在網路上瀏覽資訊時，網路背後其實會出現這樣的運作機制：「這個人喜歡旅行，我們要多多提供旅遊有用的資訊」，或是「這個人正想要買套裝，我們來推播大量廣告，賣出更多套裝」等等。

只看娛樂新聞的人，只會出現娛樂新聞；只看經濟新聞的人，只會顯示經濟新聞。當你在網路上搜尋某些資訊時，演算法就會推送相似的資訊給你。

這種機制稱為「過濾泡泡」（Filter bubble），讓你像被泡泡包起來一樣，只接觸到想知道或想看的資訊。過濾泡泡很方便，能讓你輕鬆取得你想知道的資訊，但是它也有壞處，那就是較難取得其他不同的資訊。

事實上，過濾泡泡的現象不只發生在網路上，也發生在現實世界裡。

例如，只跟同業交流，很少跟其他公司的人說話。在公司裡，雖然經常跟相關部門的人聯絡溝通，但是跟其他不相關部門的人卻很少互動、所知甚少。沒去思考太多，在現實社會中舒適度日，最後只跟特定的人打交道，身邊自然而然只會聚集跟自己價值觀相近的人。

如此一來，在現實社會就會跟在網路世界

一樣產生過濾泡泡，最後只選擇讓自己感到舒適的資訊。

這樣下去會發生什麼事呢？

只跟肯定自己信念和價值觀的人相處，使得「自己的信念和價值觀最正確」的意識變得更加強烈。這個現象在網路世界中，被稱為「回聲室」（echo chamber），也稱為「同溫層效應」。你在社群網站這類平台上，應該看過相同價值觀的人彼此回覆訊息的樣子吧。

如果只是擁有相同價值觀的人聚在一起彼此取暖那還好，但有時會出現非常排外和激進的言論。思想過度激進時，甚至會出現攻擊他人的危險行為。

懷疑思考能夠有效保護自己，避開這類危險。**磨練懷疑思考的技能，可以讓你從多元的角度觀看事物。**

懷疑思考所需的批判能力

若是認為懷疑是件壞事，便無法提升思考能力。然而，凡事都懷疑猜忌，也很難提升思考能力。我們需要的是，從多元的角度懷疑事物。

「從多元的角度懷疑事物」指的是，從不同的觀點檢視資訊和主張，評估其可信度和邏輯的一致性。這個思考途徑的目的在於，避免視野局限於單一觀點，從多元的角度檢視事物，以加深理解、做出合乎邏輯的判斷。

接下來，我將為大家介紹四種從多元角度發問的具體方法。

- **尋找不同的資訊來源**：針對同一個主題，蒐集不同情報來源的資料和意見。
- **理解背景**：瞭解主張內容的背景與脈絡，評估其影響。
- **提出假說並驗證**：提出詮釋事件的假說，根據證據驗證這些假說。

• **應用邏輯思考**：運用邏輯一致的理論模型，評估情報資訊的正確性。

比方說，在準備簡報資料、會議或討論需要的素材，或是找出公司內部問題並尋求解方時，你都可以運用懷疑思考來進行。

無論你是獨自一人運用懷疑思考，還是在與他人交談時運用懷疑思考，有件事情希望各位明瞭，那就是運用時必須區分「責難」、「否定」與「批判」。希望各位明白，懷疑思考與責備和否定是截然不同的東西。

在各大辭典查找「責難」這個詞彙，意思是「舉出他人的缺點或過失來責備對方」。責難，具有傷害他人的意圖。責難是說人壞話，抱怨、誹謗他人，將失敗歸咎於他人，詆毀和攻擊他人的行為。

不只針對他人，有時候我們也會責備自己，覺得「我好笨」或是「我這個人太糟糕了！」，這些都是自我責難。

當有人對你說：「你就是這樣，所以才怎麼都做不好」時，大部分的人都不會對這句話

「覺得感激」，或是從中「學到了什麼」，只會覺得受傷吧。不僅是責難他人，責難自己一點生產力也沒有，產生不出任何有實質建設性意義的東西。

公眾人物的社群網站常常炒得沸沸揚揚，留言區充斥著大量的負面留言，有些評論甚至惡質到讓人不忍直視。這些匿名的留言，大多是「責難」。

接著，讓我們來看看「否定」包括哪些含義。查閱辭典對「否定」的定義，可知「否定」指的是「否定事實，或是認為其是錯誤的，不給予肯定」之意。否定的例子包括「請〇〇做事沒什麼用」，或是「即使我點出問題，也不可能有什麼改變」，在沒有掌握清楚的情況下，就先入為主地做出判斷。

就跟責難別人一樣，我們也可能否定自我。當我們覺得自己「反正一定不會成功」，或是「不管怎麼做都會失敗」時，正是自我否定的表現。

而「批判」跟責難與否定有點相似，又不

盡然相同。**批判力，是一種從全面性的角度來觀看事物的能力**。查閱辭典，「批判」一詞的定義包含下列（引用自《日本國語大辭典》精選版）：

1. 檢視事物，加以判斷和評價。

2. 指出某人的言行、工作等錯誤或不足之處，並提出正確的做法加以糾正。

3. 在哲學理論中，有理論地研究普遍認知與學說的基礎，闡明其成立的條件等等。

研究者在撰寫論文時，大多會先做文獻回顧，針對前人研究中提出的看法和資料進行批判——「那是真的嗎？」「從不同的角度來看，這個理論還成立嗎？」因此，經常能夠推展出新的理論。透過針對研究進行批判，使得相關研究能夠進一步淬鍊，有助於學術的進步與發展。換句話說，**「批判」極具生產力。**

此外，批判也能點出當事人並未察覺的事情。比方說，對一個工作速度慢的人說：「為什麼連這麼簡單的工作也做不好呢？」，這是一種「責難」。具批判力的說法比較像這樣：

「可能因為〇〇原因，導致你工作效率不彰。」

你點出了不同的觀點，提供新的觀看事物的角度，給予對方進化和成長的機會。

如上述所說明的，責難、否定和批判，針對同一個現象所做出的反應大不相同。

當你獨自思考某件事情時，區分好上述三種回應，能讓你的思考能力變得更好。當你想在工作上做點不一樣的嘗試時，如果你知道這三者之間的差異，便能批判性地審視自己，「這部分是我所缺乏的」，而不是一味責難或否定自己，認為自己「根本做不到」或是「我真是糟透了」。

工作專案的參與人數，會因為業務內容不同而有所差異。有些工作一個人就可以完成，有些工作需要十到二十個人組成團隊才有辦法進行。

隨著參與人數增加，能做的事情規模也會跟著發生變化。如果是一個人就能完成的工作，你只要一邊問自己：「這樣做真的正確

跟別人一起玩丟接球遊戲時

失去訂單時

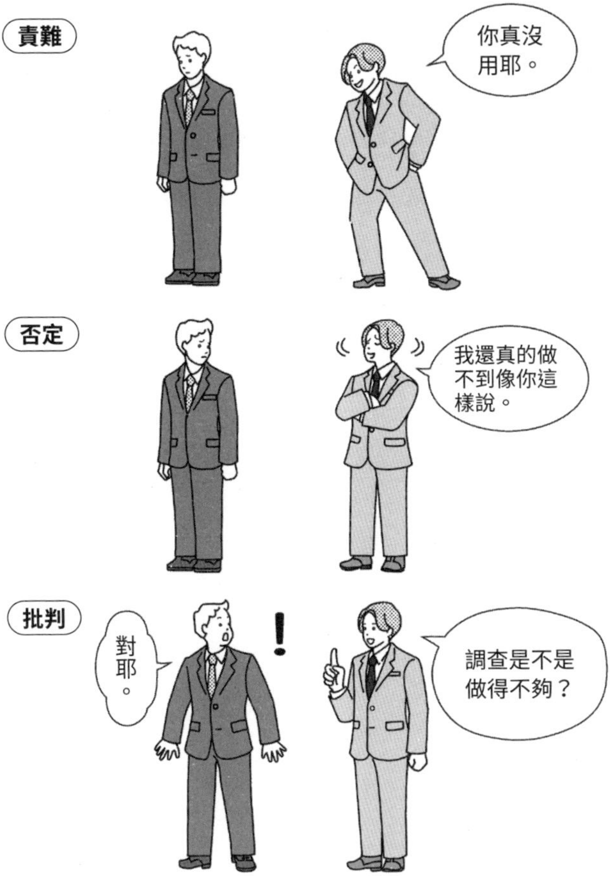
責難
你真沒用耶。
否定
我還真的做不到像你這樣說。
批判
對耶。
調查是不是做得不夠？

嗎？」，一邊往前推進就可以了。但是，參與人數越多，「批判力」的運用便越顯重要。

越是能夠積極運用批判力，從不同角度觀察事物的機會就越多。**在無法發揮批判力的人際關係或環境當中，觀看事物的觀點很容易產生偏頗，也不易產生新的想法和點子。**

最後要順便一提，批判的前提是以有建設性的交流為基礎，也就是說，對方也必須做好接受批判的心理準備。

這個部分將於第6章詳細解說。

以往的做法如果不再適用，也代表我們有機會創造新的模式。

懂得區分「責難」、「否定」與「批判」，運用「懷疑思考」，照亮看似不可能的事情，孕育出各種可能性。

第2章

「懷疑思考」的三種基本思考法

懷疑思考由三種思考法所組成

我們每天接觸到不計其數的情報資訊，想要從中辨別出真相，並且做出有效的決策，光是單方面接收資訊是不夠的。我們必須學會懷疑思考，增加觀看事情的視角，學會從多元的角度來觀察事物。

當你學會懷疑思考時，會發生下列事情：

- 能夠看透事物的本質，不會被蒙蔽雙眼。
- 不會跟著世俗的意見隨波逐流。
- 能夠想出過去從未想到的點子。
- 相較過去，對自家服務和產品的掌握度更好，銷售數字也截然不同了。

第2章將闡明懷疑思考背後的邏輯。

邏輯思考、橫向思考／水平思考和批判性思考，這三種思考法是提升懷疑思考能力的必要條件。活用這三種思考法，能夠幫助我們從多元的角度分析事物，做出更明智的判斷與決策。

接下來，我們先簡單瞭解這三種思考法。

- **邏輯思考（logical thinking）：整理並組織情報資訊**

邏輯思考是一種彙整資訊，再重組成有邏輯結構的技術。這種思考法可以將複雜的問題拆解成較小的項目，明確化各項要素之間的關係。

邏輯思考善於組織資訊，卻不擅長評估資料的正當性和正確性，因此單憑邏輯思考，其實很難判斷情報資料的真偽。

- **橫向思考／水平思考（lateral thinking）：打破框架，尋求最佳解方**

橫向思考／水平思考是藉由跳脫既有框架，孕育出新點子和解決方案的思考方式。它是嘗試從各種不同的角度取代單一觀點的思考方式，能夠拓展思考的廣度。

這種思考方法，雖然能讓人不受既定觀念束縛，但是孕育出來的新點子未必一定實用或有效。因此，我們需要另一種思考法來評估橫向思考所得到的點子或創見，判斷其有效性。

• **批判性思考（critical thinking）：情報資訊的評估與判斷**

批判性思考，是一種從批判的角度，評估資訊並做出具邏輯判斷的思考技巧。

這種思考法謹慎評估情報資料的可靠性、證據效力的高低與邏輯的一致性，從中找出錯誤和偏見。

將邏輯思考所整理出來的資訊，與橫向思考所孕育出來的新觀點組合在一起，再對此進行綜合性的評估判斷，便能夠接近真相。

■ 結合三種思考法可以得到加乘效果

邏輯思考、橫向思考和批判性思考，分別具有各自的獨特價值，又相輔相成、互相補足，能夠進而顯著提升我們的思考能力。

藉由邏輯思考爬梳資訊，再透過橫向思考尋找新的觀點，然後用批判性思考進行深入的分析與評估。把這三種思考法應用在日常生活和工作上，能夠幫助我們在各種不同的情況下做出更好的決定。

舉例來說，會議上有人提出一項新專案時，可以先用邏輯思考來瞭解那項專案的結構。接著再運用橫向思考，探索出獨具創意的方案。此外，批判性思考可用來評估提案實踐的可行性高低。

像這樣整合活用這三種思考法，可以幫助你獲得更全面、更客觀的觀點，進而做出更好的選擇與決定。

首先，理解「懷疑思考是由三種思考法所組成」，並且加以實踐，是幫助我們更深入、更廣泛、更公正地面對各種不同的情報資訊和情況的關鍵。

如果可以靈活運用邏輯思考、橫向思考和批判性思考，便能夠因此大幅度提升辨別真相與做出有效決策的能力。

接下來，我們花點時間一一說明這三種思考法。

何謂「邏輯思考」？

邏輯思考是一種有系統、有條理的思考方式，能夠快速、深入地梳理事物，並以淺顯易懂的方式說明清楚。邏輯思考就像是油井往下挖掘石油那樣，直直地不斷往下挖，因此**邏輯思考也稱為「垂直思考」（vertical thinking）**。

請你想像一下很多小珠子散落在桌子上的樣子。如果不用掃帚、畚斗或吸塵器等工具，想要徒手一顆一顆把散落在桌子上的小珠子收拾乾淨，恐怕要耗費一番力氣。但假如這些小珠子是用繩線串在一起的呢？拿著繩線的兩端，便可以一口氣把所有的小珠子全部拿起來，對吧？

處理情報資料也是同樣的道理。假如分散、雜亂無章，便很難迅速有效地處理。但如果資料是有因果關係且彼此連結在一起的話，就相對容易處理，而邏輯思考就是一種尋找這

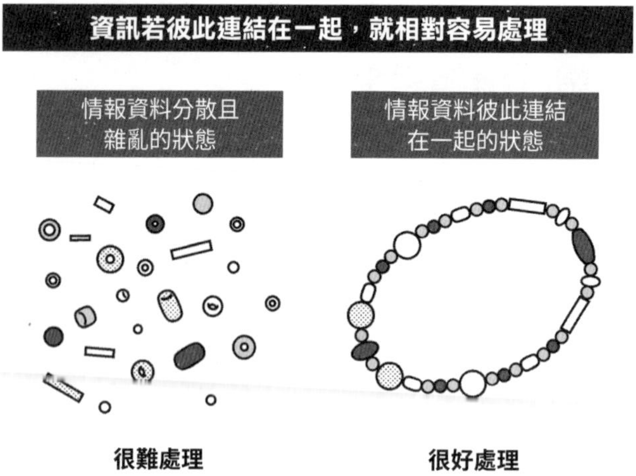

些「連結」的思考方式。

■ 讓我們有邏輯地說明神戶的魅力何在

我出生的兵庫縣神戶市，是座充滿異國風情的港都，每年都有許多觀光客前來造訪。

神戶是一座非常美麗的城市，但是光一句「神戶是一座非常美麗的城市」，恐怕難以表達出神戶的魅力。

A桑決定要跟覺得「神戶哪有那麼吸引人？」的B桑好好說明神戶的魅力何在。

資訊的結構化①　把所有情報資料寫出來

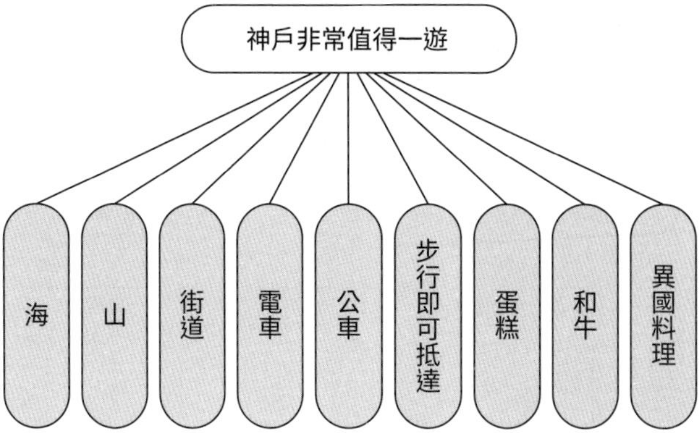

A桑非常瞭解神戶的魅力何在，但是他腦中的資訊並沒有好好整理清楚。「神戶有海有山，是一座非常棒的城市。啊，對了對了！蛋糕很好吃，而且離大阪也很近。」「這裡有好吃的神戶牛，不過很貴。」「然後還有，嗯……。」到最後，話越說越不知道自己在說什麼。

如果只是用這種方式介紹神戶，B桑恐怕要更困惑了——「所以，神戶到底是什麼地方值得造訪呢？」

資訊的結構化② 彙整共同點

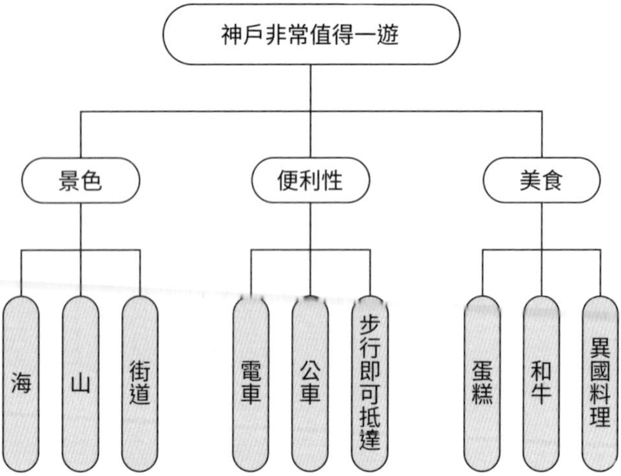

現在，讓我們運用邏輯思考，重新排列整理一下A桑腦中的資訊。首先，我們把A桑認為的「神戶魅力」一一寫出來（請參照上一頁的圖表）。

那張圖表把A桑大腦裡的資訊全部寫了出來，但是並未分類整理。如果A桑在資訊尚未整理的狀態下進行說明，就會跟剛才一樣，東講一個西講一個，雜亂無章、沒有條理。

我們試著從推薦的神戶特色當中，尋找出共同點。

「海」、「山」和「街道」之間，看得出來它們有「景色優美」的共通點。

「電車」、「公車」和「步行即可抵達」之間，有著「交通便捷」的共通點。

從「蛋糕」、「和牛」和「異國料理」，應該可以歸納出「美食眾多」的特點。

好，那我們就以此為基礎，重新向大家介紹一下神戶的魅力吧。

「我非常推薦大家來神戶旅遊。神戶觀光有三大特色：風景優美、交通便利、美食眾多。首先是風景優美，神戶靠山臨海，而且新舊融合的城市景觀更是一大看點。其次，關於交通的便利性……。」

聽到有人這樣說明，你是不是覺得神戶充滿了魅力？不僅如此，你可能還會充滿好奇，期待對方多說一點。「交通便捷，是怎麼個便捷法呢？」「美食多？神戶有哪些好吃的？」

只要一開頭先舉出三個重點在哪，「風景

優美、交通便捷、美食眾多」，聽者便能預知接下來要說的就是這三件事，便能安心地繼續聽下去。

邏輯思考有助於爬梳情報資訊，整理出可以表達的重點何在。透過這個方法，你可以淺顯易懂地表達自己的想法，讓對方一聽就明白。

如果你需要向主管報告當天的工作進度，一開始你便說：「我有兩點想跟您報告」，事先摘要出匯報的重點，和想到什麼就講什麼的表達方式相比，你給上司的印象應該會截然不同。

學會把資訊整理好再表達出來，別人對你的印象一定會變得不一樣。

邏輯思考的應用範例

我們在前一篇中練習把神戶的城市魅力重新整理了一遍。邏輯思考的運用，讓「神戶值得推薦」這個結論，在思索的過程中變得條理分明。

然而，在深入挖掘和分析資訊的過程中，有時很容易會發現最初的結論，其實並不是最好的結論。

如果遇到這種情況，以前文中這個神戶的城市魅力何在為例，重點在於：與其先預設結論，不如先把你覺得的神戶的城市特色、優點和缺點全部羅列出來，從這些資訊中尋找共通點，再重新思考一次，「你真正想要傳達的是什麼？」。

從一堆情報資料引導出自我主張的過程，也就是「由下往上」的思考過程，是當事情不明朗或思緒條理不清時，理出適切判斷或解決

根據目的，調整梳理資訊的方法

當傳達重點明確時	當傳達重點不明確時
適用於已有明確結論、試圖說服對方時的資訊整理法。	適用於資訊量龐大、尚未有明確結論時的整理法。

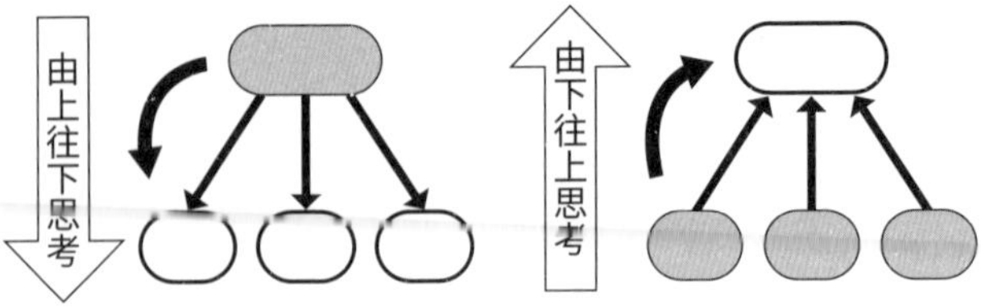

對策最有力的方法。

這個思考途徑，當然不僅限於推薦旅遊景點時使用。當你的想法不夠清楚明確，或是對周遭整體的掌握度有限時，這個方法特別有效。

當你不確定自己的想法和周遭的整體狀況時，採用「由下往上」的思考途徑，也就是先廣泛蒐集資訊，再從這些資訊中引導出結論，往往可以得出屬於自己的創見。

此外，邏輯思考還有其他好處，例如：「釐清什麼才是自己最想要表達的重點」、「可以在腦海中梳理思緒、減少煩惱」等等。

假如你是銷售人員，學會邏輯思考，能夠幫助你用更淺顯易懂的方式，傳達自家產品與服務的魅力。

■ 邏輯有無的差異及範例

不少人光是聽到講話「要有邏輯」，馬上就認為「這對我來說太難了」。然而，大家其實在日常生活中很多情境下，都很有邏輯地彙整資訊。

例如，有六個人一起出去吃午餐。

A桑：我要吃每日特餐。

B桑：我要漢堡排套餐。

C桑：我要烤魚套餐。

D桑：我要一份每日特餐。

E桑：我也要一份每日特餐。

F桑：我要烤魚套餐。

大家如果像這樣各點各的，統整資訊需要一點功夫。餐廳店員一般都會彙整資訊，跟客人再次確認點餐的內容：「跟各位確認一下，餐點的內容為三份每日特餐、兩份烤魚套餐和一份漢堡排套餐。對不對？」

這就是邏輯有無的差異。在這個例子中，沒有邏輯指的就是午餐各點各的，沒有統整資訊。

而像餐廳店員一樣，有條理地整理資訊並總結出結論，就是有邏輯的思考。

最後，再順帶一提，邏輯思考可以分為兩種類型，一種是名為「邏輯樹」的類型，能夠分解複雜的問題，把事物細分成較小的單位進行思考；另一種則是「金字塔結構」的類型，把資訊分層堆疊成三角形，以釐清最重要的概念。

雖然仔細探討下去的話，還有很多其他不同的思考準則與模型，不過目前還不需要想得那麼複雜，我們且快速瞭解邏輯思考到底是如何梳理資訊的。

假如你對邏輯思考很有興趣，覺得「好有趣！」、「我想知道更多！」，市面上有許多討論邏輯思考的書籍，歡迎購買參考。

沒有遺漏、沒有重複，清楚明確地傳達資訊

介紹產品或服務時，如果無法有憑有據地說明「產品或服務好在哪裡」，很容易顯得沒有說服力。

「我很推薦這款商品。」「為什麼？」「沒有為什麼。」像這種推銷方式，恐怕沒什麼人會願意購買吧。不僅是商品銷售，跟上司報告或是在會議上發言時也是如此。當你被問到「為什麼？」時，回答「沒有為什麼」是行不通的。

如果你能夠運用邏輯思考，有邏輯地組織你的想法，便能以淺顯易懂的方式表達你的主張依據何在。

此時，就是「MECE」（發音同「me-see」）這個概念派上用場的時候。**「MECE」是「Mutually Exclusive, Collectively Exhaustive」**

的頭字語，指的是「彼此不重複，整體無遺漏」，也就是「相互獨立、詳盡無遺」的意思。

以前文中的神戶觀光為例，假設A桑這樣推薦神戶：「神戶有三點要推薦，美食、好風景和東西好吃。」

可能很多人聽完會覺得：「咦？他說有三點要推薦，實際上只有兩項吧？」對大多數的人來說，有美食跟東西好吃，聽起來是同一件事情。

「我推薦您這款產品！」像這種表達方式，並沒有回答到產品好在哪裡，說明有「遺漏」，因此不符合MECE的原則。此外，當您一開始說明產品A時，卻在不知不覺中談到產品B，這也不符合MECE的原則，因為談話明顯「偏離了主題」。

當資訊重複、有遺漏或是偏離主題時，聽者便很難妥善理解與掌握。資訊彼此獨立，且沒有任何遺漏，完全包含且不重複，能夠淺顯易懂地傳達你的看法，讓對方一聽就懂。

透過MECE分類資訊時，可以從多重的角

結構化理論

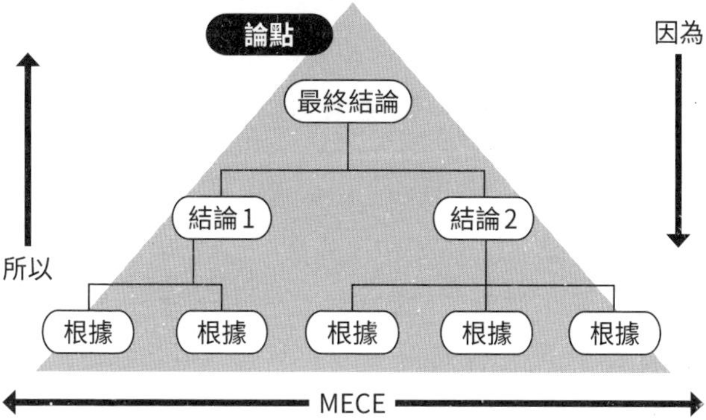
論點
最終結論
結論1
結論2
根據
根據
根據
根據
根據
因為
所以
MECE

MECE的分類方式

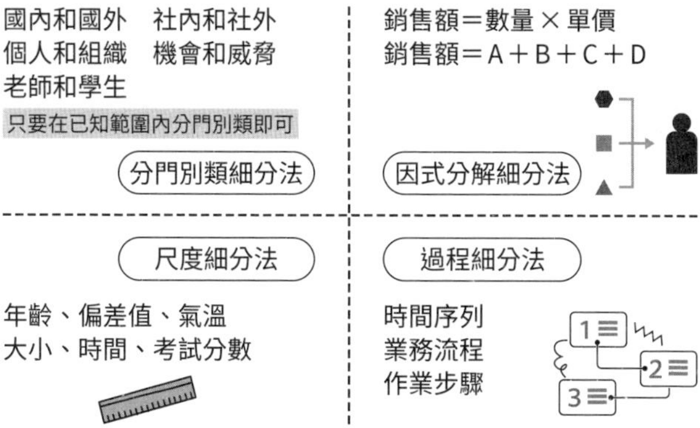
國內和國外　社內和社外
個人和組織　機會和威脅
老師和學生
只要在已知範圍內分門別類即可
分門別類細分法
銷售額＝數量×單價
銷售額＝A＋B＋C＋D
因式分解細分法
尺度細分法
年齡、偏差值、氣溫
大小、時間、考試分數
過程細分法
時間序列
業務流程
作業步驟
1
2
3

度進行。例如，「國內與國外」、「老師與學生」、「年齡」、「尺寸大小」等等。

有一點必須特別留意，那就是資訊沒有「絕對正確」的分類方式。例如，「男性和女性」的分法，以前是符合MECE原則的，但是現在呢？

現在，性別不是只有男性和女性，LGBTQ的觀點也必須考慮進去。

又比方說旅遊的目的地，「國內與國外」的分類如何呢？這樣的分法正確嗎？說不定再過幾年，就必須加入「外太空」的選項了。

所以，MECE並沒有「絕對正確」的答案，分類原則會隨著時代改變。因此，在分類資訊時，只要按照「現階段」的MECE原則，按照你的方式進行分類即可。

什麼是「橫向思考」？

橫向思考／水平思考，是構成懷疑思考三種思考法當中的第二種。

邏輯思考可以針對一件事情往下挖掘，並將凌亂的資訊組織成有邏輯的資訊。

相對的，**橫向思考則是一種不受自身既有的想法、觀點和常識等束縛，能夠自由發想、向外推展的思考方式**。有別於邏輯思考往下深究的思考模式，橫向思考比較能夠發揮想像力，橫向拓展思維的廣度。

邏輯思考和橫向思考的關係

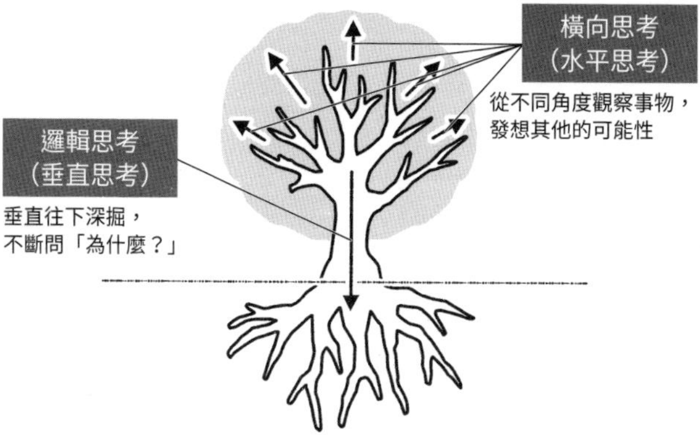
橫向思考
（水平思考）
從不同角度觀察事物，
發想其他的可能性
邏輯思考
（垂直思考）
垂直往下深掘，
不斷問「為什麼？」

下列介紹兩款知名的猜謎遊戲，請各位一起來玩玩看，體驗一下什麼是橫向思考吧。

■ 猜謎一

【問題】

一名男子在可以欣賞海景的餐廳點了一碗「海龜湯」。男子喝了一口海龜湯後，馬上把廚師請過來問：「這真的是海龜湯嗎？」

廚師回答：「沒錯，這是貨真價實的海龜湯。」這名男子聽完廚師的回答後，馬上去櫃檯結帳，離開了餐廳。他回到家之後，便自殺了。

這個人為什麼自殺了呢？

【提示】

• 該名男子在喝海龜湯之前，並沒有「想死」的念頭。

• 這位男子獨自一人來到餐廳。

• 餐廳所提供的海龜湯，並沒有被混入毒物。

【答案】

這名男子曾經發生過海難，和夥伴們一起

漂流到海上某座小島。島上沒有食物，所以他們靠吃死去夥伴的肉存活了下來。

但這名男子卻拒吃同伴的肉，其他同伴擔心他會餓死，所以騙他說：「這碗是海龜湯，你就吃下去吧。」讓他喝下同伴的肉湯。

他在餐廳喝的海龜湯，和當時吃的海龜湯味道不同。他那時才發現，原來當時吃的是同伴的肉，絕望之下便自殺了。

你猜對了嗎？僅以前文中這樣的資訊量，要正確回答幾乎是不可能的。橫向思考就是一種在面對模糊不清的問題時，能以各種情報資訊進行發想的思考方式。實際上，在解謎時，回答問題的人會向發問者不斷地提出各種問題，進行一連串的推論。

此時，重點在於「要問哪些問題」。你必須先提出一個假設，尋找支持這個假設的根據。例如，「你之前喝過海龜湯嗎？」，類似這樣的提問，一步步延伸探索找出答案。

■ 猜謎二

【問題】

請用四條直線，一筆畫把下面九個點連起來。

【答案參見第78頁】

許多人在畫線時，都不自覺地避免直線超出九個點的範圍吧。

這個問題，小朋友答對的機率似乎遠高於大人。現在，各位應該可以明白原因何在，這是因為我們經常受到所謂常識的限制。

橫向思考，也可以稱為「靈光一閃的創造力」。它能夠幫助我們學會靈活思考，而不會受限於社會的常識和規範，是VUCA時代的重要必備技能之一。

每當發生任何「問題」時，請不要視為「失敗」，請當作是「一個大好的機會」，藉此尋求新的創意發想和方法。

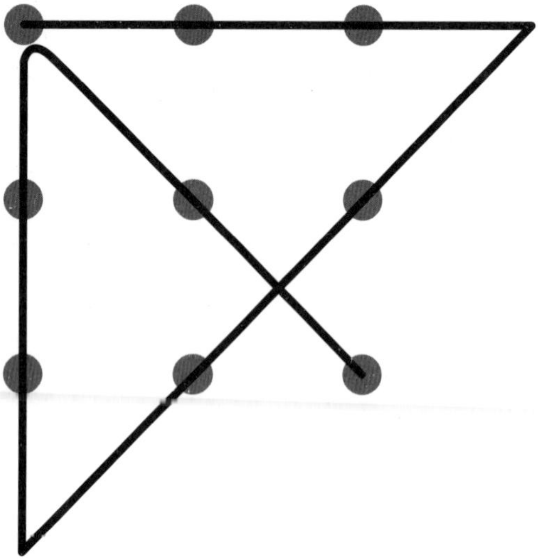

邏輯思考和橫向思考的限制與問題

你現在對邏輯思考與橫向思考的差異有概念了嗎？學會這兩種思考法，應該能夠大幅提升你的思考能力。

然而，僅使用這兩種思考方法，對懷疑思考來說還不夠充足。

邏輯思考最大的問題就在於，它讓你的話「聽起來好像頭頭是道，但未必正確」。當你和一個說話很有邏輯的人在一起時，他講出來的話聽起來似乎總是對的，這是因為說話有條理，很容易讓人覺得論述和邏輯是正確的。

然而，**邏輯思考只能爬梳資訊而已，無法保證論述絕對是正確的。**

邏輯思考的局限性，可以用前文中提到的「神戶旅遊推薦」為例來說明。

資訊的結構化②　彙整共同點

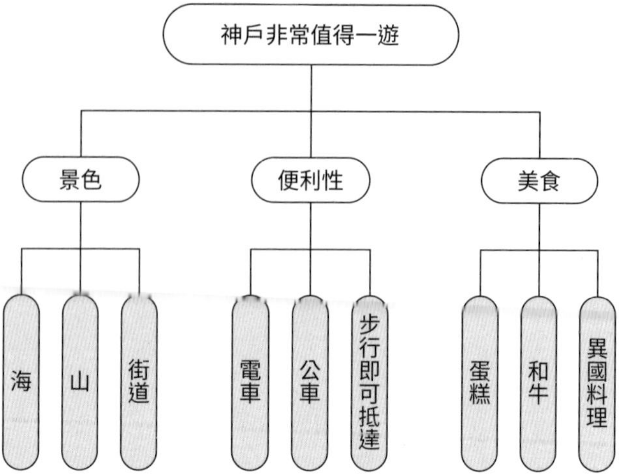

這裡再次放上前文的圖表，這張圖表總結了為何神戶值得一遊的要點，羅列了神戶所有的魅力特點，令人不禁覺得神戶是座近乎完美的城市。

然而，對於居住在神戶或是對神戶熟門熟路的人來說，這裡列出來的東西其實並不是神戶最吸引人的地方。熟悉神戶的人，看到這裡應該會大力點頭同意吧。

比方說，看到「美食」，有的人可能會提出這樣的意見：「應該是夙川的蛋糕有名，而不是神戶的蛋糕有名吧？而且夙川應該不算是神戶吧？」

「交通便捷」這個項目提到公車和步行，但是公車有個缺點，那就是不好掌控時間。此外，可能也會有人認為：「雖然步行就可以抵達，但如果要走上二、三十分鐘才能抵達目的地，其實說不上是交通便利。」

這樣看下來，應該可以發現，上頭羅列的神戶推薦特點未必是正確的。

而且，即便乍聽之下好像很有邏輯，實際上可能漏洞百出。**當自己的思考明明有遺漏或漏洞，卻認為自己是正確的，就是所謂的謬誤。**

產生謬誤時，也就是當認知產生偏誤時，即便思考再怎麼具有批判性、批判成錯誤的對象，得到的結論恐怕也沒什麼意義。就像你拚命準備與A公司開會用的資料，但實際上你要開會的對象卻是B公司一樣，搞錯了對象，便失去意義。

著眼於謬誤的行為，稱為詭辯。許多詭辯技巧，能讓一點也不合邏輯的事情，聽起來彷彿非常有道理。

很多人都以為，邏輯思考就是正確地思考事情，但其實邏輯思考也是一種「把不想給別人看到的事情給弄不見」的技術。

邏輯思考是一種為懷疑思考奠定基礎的工具，它的功能在於梳理資訊，讓資訊能夠有條理地排序。

接著是橫向思考。橫向思考是一種透過橫向的開展，孕育出創意點子的思考方法，然而它最常見的問題便是不夠貼近現實。

即使使用了橫向思考，擬定出新的點子和方法，一旦實踐起來發生困難，便很容易放棄解決問題。**橫向思考擅長發散思維，卻不擅長收斂思維，很難得出「……就是這樣」的結論。**

先透過橫向思考進行發想，再運用邏輯思考深入探究，這樣的反覆過程，能將創意轉化為可執行的企劃。

從多元角度分析事物的「批判性思考」

批判性思考是構成懷疑思考的第三種思考方法。

假如邏輯思考是「縱向往下深掘的思考方式」，橫向思考是「橫向往外開展的思考方式」，那麼「批判性思考」則是「透過懷疑事物，從多元的角度立體推展發想的思考方式」。

三種思考法之間的關係

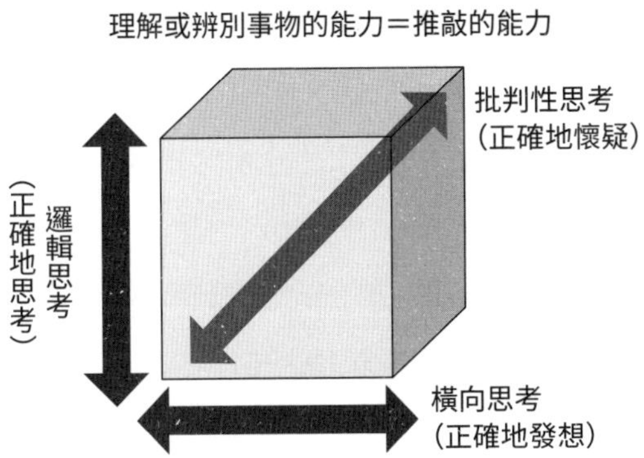

再次以前文中的神戶旅遊為例。我們可以提問：「神戶真的有那麼漂亮嗎？」「交通真的很便捷嗎？」「這三點真的是神戶值得推薦的地方嗎？」批判性思考的功能，就是對邏輯思考所得出的結論提出質疑。

此外，批判性思考也可以用相同的方式，不斷地問：「……真是如此嗎？」，來質疑橫向思考所得出的點子，進一步進行審視和淬鍊。

批判性思考的第一階段，是在框架中提出質疑。

請想像一下，現在你的面前有一張房子的平面設計圖。你拿著這張平面設計圖，乍看之下可能覺得：「喔喔，這房子真大間呢。」但假如你再仔細觀察，可能就會發現好像哪裡怪怪的？房子裡有些空間不知道是做什麼用的，有的房間沒有窗戶，有個房間無法進出。

從不同的角度，轉換成「資訊」來思考，就能察覺到「這間房子的結構有點奇怪！」，這跟注意到資訊有遺漏很相似。

最近《詭屋》這本書在日本大受歡迎，這

詭異的房屋格局

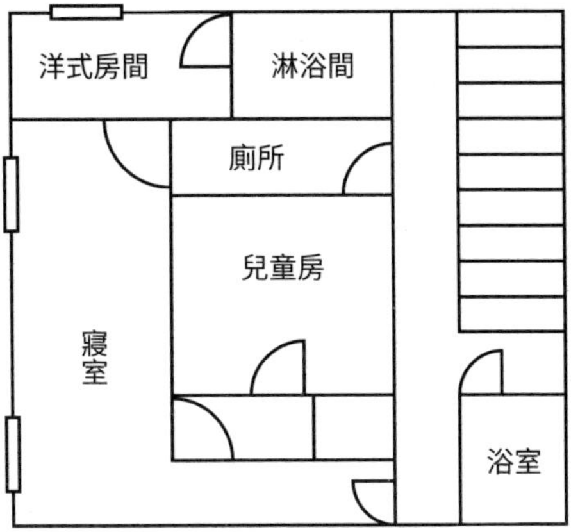

參考《詭屋》一書中房屋格局製成（跟實際內容有稍許出入）

是一本以某間房子的詭異格局為主題的懸疑小說。書中針對房屋的格局，不斷提出假說推測，然後進行驗證，跟批判性思考非常相似。

「是不是哪裡不對勁？」、「……真是如此嗎？」等等，對眼前的事物提出懷疑，接著提出假說，並且進行驗證。

假設某間製造商的暢銷產品銷量突然下滑，公司必須找出原因，研擬相應對策。

仔細審視目前已知的產品銷量下滑的可能

原因，然後提出質疑：「這些真的是導致產品銷量下滑的真正原因嗎？」像這樣運用懷疑思考，能夠幫助你找出其他表面看不到的因素。

試著以更寬廣的角度來思索問題，可能就會發現有下列其他可能的影響因素。

- 有家無名公司推出的產品爆紅。
- 競爭對手公司的產品銷量增加。
- 自家產品在社群網站上的名聲變差。

「原因真的只有這一個嗎？」假如對既有的假說深信不疑，恐怕就不會主動尋找其他的可能因素。

在框架內提出質疑，是批判性思考的第一階段。

然而，在不穩定、曖昧不清、充滿不確定性的VUCA時代，僅在框架內懷疑是不夠的，我們必須試著跳出框架。

「大家都說銷售額減少了，是真的嗎？」假如你試著懷疑這個大前提，可能就會發現過去從未察覺到的事實：「日本的銷售額減少，但是在東南亞的銷售額持續成長」，或是「整體的銷售額確實是減少了，但是當我們從消費族群來看銷售額時，可以發現客群逐漸呈現兩極化。」

像這樣，**進行批判性思考時，你甚至必須懷疑自己一開始所做的假設——「那是真的嗎？」這正是批判性思考的第二個階段**。如果你想開發出前所未有的新產品或新服務，就需要讓批判性思考不斷深化到這種程度。

批判性思考是最接近懷疑思考的思考方法。學習批判性思考，你將獲得許多不同的技能，下列簡單介紹其中一部分給各位參考。

• **突破力**：具有能明確點出問題、突破盲點的能力。

• **情報分析力**：能從多元的角度蒐集合適的資訊，並具備評估資訊的能力。

• **組織力**：擁有整理資訊，並且能夠判斷出哪些資訊是相關的、哪些是不相關的能力。

• **俯瞰力**：能夠把自己的想法，與其他不同角度的想法區分開來，客觀地觀看事物。

• **人際適應力**：跟和自己想法不同的人相處時，能夠接受他人的意見，並且適時地表達自己的看法。

懷疑思考的應用實例

靈活運用「邏輯思考、橫向思考和批判性思考」這三種思考法，能夠幫助我們從多元的角度思考事物、突破限制，是探索出新的解決方案的重要關鍵。

邏輯思考，為的就是梳理資訊。梳理資訊能幫助我們正確地提出問題；另一方面，批判性思考對於審視並進一步淬鍊我們透過橫向思考所發想出來的點子有非常大的幫助。

「這個時候運用邏輯思考」、「那種情況運用橫向思考」，與其分開使用不同的思考方法，不如組合起來一起靈活運用，可以獲得的效益更大。

接著分享一個應用實例給各位參考。此案例主要在講，某間小學運用這三種思考法的組合，使得長達十年以上的課堂秩序混亂的問題獲得了改善。

三種思考法幫助我們掌握事物的整體輪廓

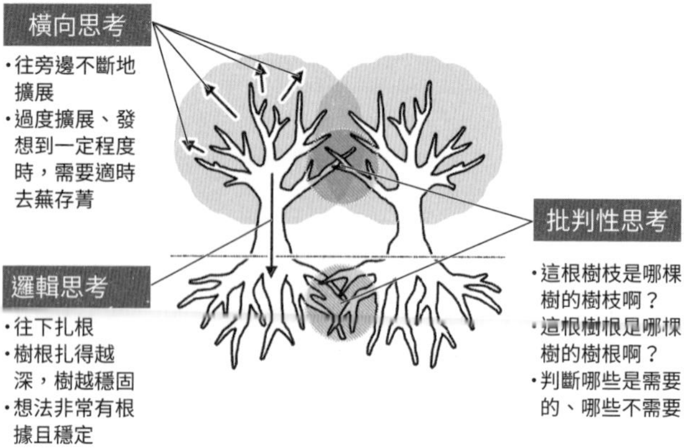
橫向思考
・往旁邊不斷地擴展
・過度擴展、發想到一定程度時，需要適時去蕪存菁
邏輯思考
・往下扎根
・樹根扎得越深，樹越穩固
・想法非常有根據且穩定
批判性思考
・這根樹枝是哪棵樹的樹枝啊？
・這根樹根是哪棵樹的樹根啊？
・判斷哪些是需要的、哪些不需要

這間小學在過去十幾年來，課堂秩序混亂的學級崩壞問題持續不斷。具體來說，有些孩子在課堂上玩球、吵架吵到打起來，甚至有孩子擅自離開教室。陸續有孩子拒絕上學，卻沒人能夠妥善改善這個校園失序的問題。學級崩壞的問題已經持續了十幾年，校方和家長都認為問題「根本解決不了」。

直到我的孩子進入那所小學就讀，我和家人一起面對了學級崩壞的問題。

我們所做的第一件事，就是尋找問題的瓶頸所在。為了探究最大的問題何在，我們運用邏輯思考整理現況，尋找問題的癥結。

接著，我們詢問身為當事人的孩子們：「你們對未來有何期許？」，確認他們期望什麼樣的未來。

「如果班級秩序持續一團混亂，你覺得會發生什麼事？」

當我們這樣詢問時，孩子們都異口同聲回答：「這樣下去會很困擾。」所以，我們決定一起來思考，怎麼做可以消除學級崩壞、改善班級的秩序。

當時，許多孩子都認為「問題都是別人的錯」，一切都是老師以及看似引發秩序混亂的同學的錯。換句話說，班上的秩序崩壞問題跟自己無關，都是別人的問題。因此，我們繼續往下問：

「你覺得繼續這樣下去，大家會變得怎麼樣？」

「假如發生這種事，你覺得我們應該怎

麼做？」

「假如變成這樣，你有什麼想法？」

「那件事情是真的嗎？」

我們不斷丟問題給孩子，透過跟孩子們對話，一起從各種不同的角度思考。

在那樣的過程中，孩子們逐漸開始覺得：「不能再這樣下去了」、「我們要自己採取行動」。一開始認為「都是老師的錯」或是「那些同學很壞」的孩子們，開始認為「那不是老師的錯」、「我們自己來想想辦法」。換句話說，別人的問題，變成了自己的問題。

當孩子們決定「自己來解決困境」，他們的下一步就是提出假設，換成是橫向思考出場的時候了。

「你為什麼會覺得『老師不肯聽學生的意見』呢？」

「你覺得怎麼做，可以讓上課變得更有趣呢？」

像這樣不斷地問下去，孩子們開始陸續提出各種解決方案，例如：「如果有人製造噪音，老師應該提出警告，以維護上課的品質」，或是「創造溝通的機會」等等的。那些提案的假設是，「如果我們警告製造噪音的同學，老師應該會比較好上課。」

然而實際上，有時我們提出來的假設未必有效。

當假說無效時，我們可以用不同的假設重新驗證一次。像這樣持續下去，一邊尋找問題的核心，一邊詢問「……真是如此嗎？」，往下深掘、蒐集資訊，從多元的角度觀察並懷疑事物。

「這樣做，是不是比較好？」

「B的方法，是不是比A更好呢？」

面對問題，不斷嘗試、犯錯，然後再嘗試，從中尋求解決方法。在這樣的過程中，問題逐漸變得跟自己息息相關，能夠自然而然採取行動解決問題。

後來，有相同理念的家長加入改善行列，最後市長和教育局長也加入了。結果，持續十年以上的學級崩壞問題，在不到一年的時間就解決，消失不見了。

在那之後過了好幾年，那所學校沒有再發生課堂混亂的學級崩壞的情況了。

孩子們，也就是當事人，針對從來沒有人提出質疑、大家都認為「試也沒用」，或是「根本不會改變」等等事情提出疑問，並且思考「怎麼做，可以解決那個問題」。

每次我舉這個例子，就會有人問我：「應該是岡桑引導孩子們，讓他們思考出因應對策，才得以阻止課堂秩序繼續崩壞吧？」

在促進對話的過程中，我們的確可能不小心引導孩子，但是我們並未刻意引導，因為這樣做會讓問題依舊是「他人的問題」，無法當成自己的問題來思考。

我只是單純地不斷詢問孩子：「……真的是這樣嗎？」

像這樣，妥善運用三種思考方法，作為問題解決的途徑，能讓問題解決變得相對容易。而且，問題不再是別人的問題，而是跟自己息息相關。

表達自己想法的重要性

各位現在有特別喜愛的事物嗎？可以是你喜歡的藝術家、偶像或興趣，什麼都行。請你試著舉一個「你現在超級著迷的東西」，或是「一沉浸下去，時間再多也不夠用的事物」。

你想到了嗎？如果你想好了，接下來請你試著把你最喜愛的事物推薦給其他人。你可以推薦給你的家人、朋友，或是職場的上司、坐在你旁邊的同事等等。就像是傳教一樣，把你最喜愛的事物的魅力讓身邊所有的人知道。

如果你能夠成功做到這一點，你的表達技巧一定會有所提升，業務成功率也一定能有飛躍性的成長。

看到這裡，有些人可能會覺得：「我想推薦的東西，實在很難說明清楚。」甚至有人會說，它就跟神一樣，是神聖的存在，或是讚到根本就無法用言語好好形容。

想讓別人深入理解自己的感受，你就必須有邏輯地整理資訊。**藉由爬梳資訊，同時也能夠幫助你釐清問題和想法。**

我曾經遇過有人在研習營上報告說：「我最愛的是某某人。」

當我問他，那個人的魅力何在呢？

他回答：「那還用說嗎？一看就知道了吧？真的是讚到不行，他真的非常厲害呢。」

像這種說明方式，恐怕無法傳達清楚對方到底哪裡厲害吧。

讓我們試著來整理一下，想想「自己到底為什麼會受到這個人吸引？」，例如：

- 我是從什麼時候開始被圈粉的？
- 我是從哪裡知道這個人的？
- 那個人有什麼地方吸引了自己？
- 想到這個人的時候，心裡面有什麼感受呢？
- 認識這個人之後，我有哪些地方改變了嗎？

在思考這類問題的過程中，你會逐漸發

現：「我是在這個瞬間喜歡上這個人的」、「我喜歡這個人的某某地方」、「在還不認識他之前，我是這個樣子的；遇到他之後，我變成這個樣子了。」在回答問題的過程中，能讓雜亂的資訊變得有條有理。

這就是「邏輯思考」派上用場的時候。實際上，我每次都會在研習營上不斷提出問題，透過提問，協助學員學習邏輯思考。在反覆提問的過程中，每個人都能逐漸說明他們喜愛的事物到底有哪些魅力。

接下來，請讓我再問你一個問題。

你今天早上吃了什麼？為什麼吃了那些東西？如果你沒有吃早餐的話，為什麼沒吃？

等等，我的問題還沒有結束喔。

你午餐要吃什麼？為什麼？

沒有多少人可以有邏輯地回答這些問題。事實上，大部分的人很多時候根本不知道自己在想什麼。

當你想吃某樣東西時，若被問到：「為什

麼想吃？」，很多人往往只會回答：「因為想吃，所以就吃」，或是「沒什麼特別的理由」。

想吃某樣東西、想去某個地方、想做某件事情，大部分的人都是憑感覺在做選擇的。

這當然沒有什麼不好的。**只不過總是無法明確回答出「為什麼」，便無法持續促使懷疑思考的能力成長。**

憑直覺做決定當然也很重要，但如果總是用直覺做決定，便很難深化思考。而且，當你需要和他人分享資訊時，恐怕很難用言語精準傳達。

如果你到鞋店買鞋，店員拿起一雙鞋子向你推薦：「這雙鞋子很好喔，但是我不知道好在哪裡。」這豈不是會讓你一頭霧水，甚至想翻白眼？

又或者你去買手機，問店員：「你推薦哪一款？」

店員回答：「我很推薦這支，但是沒有特別為什麼」，恐怕你也不會認真考慮吧。

前些日子，我和某人聊天時，聊到了手帕。那個人拿著她的手帕給我看，說：「我很喜歡這條手帕。」那條手帕上，有著很可愛的角色圖案。

我很好奇，便問她：「妳為什麼特別喜歡這條手帕呢？」

對方一開始回答：「因為顏色很好看呀。」

「妳喜歡這個顏色啊？」

我確認了一次。這時，對方的回答變得有點猶豫：「嗯，對啊。」

對方的回答讓我覺得有點疑惑，所以我繼續問下去：「手帕的顏色很好看，所以妳很喜歡，對不對？」

「可能是喜歡上面的人物角色吧。」

「妳喜歡這個人物角色喔？」

「可能喜歡。說不定也不是這個原因。」

「這條手帕妳用多久了？」

「這條手帕其實是好幾年前我的孩子送給我的。」

「這樣啊。」

「那是我的孩子開口說：『媽媽，這個送妳』，第一次送給我的禮物。」

然後，那位女士說：「我知道了！我喜歡這條手帕，是因為這是我的孩子送給我的。」

在這段對話之前，她沒有辦法馬上回答出為什麼她會喜歡這條手帕。但是，因為被問到喜歡的理由時，她不得不回答，所以起初先回答了「顏色」，接著提到「人物角色」這類眼睛看得見的特徵。

然而，「……真是如此嗎？」，「妳真的喜歡這條手帕的顏色嗎？」，在一來一往的問答過程中，她發現自己之所以那麼珍視這條手帕，是因為那是孩子第一次用自己的錢為媽媽買的生日禮物。

請你平常也試著像這樣詢問自己問題。透過提問，能夠幫助你學習懷疑思考。

請你花點時間思考一下，你為什麼會持續做現在這份工作？

接著，請針對你想到的答案，重複提出疑

問：「……真的是這樣嗎？」

在自問自答的過程中，你可能會發現意想不到的答案。你會發現，原來你對於自身的感受與想法，其實並沒有想像中那麼清楚明白。

此外，在言語化的過程中，不能只是在腦海中思考，要把你想到的東西寫在紙上。關於更具體的言語化訓練，將在第6章詳細說明。

學會活用邏輯思考、橫向思考和批判性思考，能夠幫助我們在各種不同的情況下做出更好的決定。

第3章

「認知偏誤」與「成見」讓你做出錯誤判斷

如何修正認知偏誤？

認知偏誤指的是，感知外界事物時，無法客觀地認識現實，容易受到主觀思考限制的心理現象。認知偏誤受到各種因素影響，例如：成長環境、周圍的人的價值觀、經驗等等。

舉例來說，常見的認知偏誤包括「男人就該這樣」、「母親應該那樣」等偏見，或是「反正我就是做不到」等負面想法。

職場上最常見的認知偏誤，就是上司把自己的想法當成標準，強加在部屬身上。

在第一線累積了豐富經驗而爬到現職的上司，常常認為自己年輕時跑業務的方法是最有效的，因此要求部屬也要那樣做。人們大多相信自己的成功經驗一定是正確的。

先看到「自己想看」的東西，是人腦的特徵。

不僅在現實世界，在網路世界也是如此，我們總是優先把自己想看的東西、想聽的事情輸入到大腦裡。

現在，我們幾乎每一天都會使用網路。如同第1章所說的，現在網路上的資訊都是經過過濾泡泡和回聲室才來到我們眼前。**生活在現代社會，人們越來越難接觸到跟自己不同的觀點和想法。**

認知偏誤難免使人們之間出現理解的鴻溝，但假如我們不想點辦法拉近彼此的距離，鴻溝恐怕只會越來越深。

近來，有不少企業引進「反向導師制」（Reverse Mentoring）的概念。

如字面含義，**「反向導師制」這種人才培育方法，是由部屬或年輕員工擔任上司或資深員工的指導員，向上培訓上司和資深員工**。這個制度最初是由美國率先引進，後來慢慢在日本普及。年輕員工也擁有許多豐富的知識和經驗，尤其是在數位和IT領域最為顯著。

隨著在職時間越來越長，越是習慣工作內容和人際關係，越難在公司裡面獲得新的刺激。轉職的人當中，有不少人就是因為「在這間公司學不到東西了」而選擇跳槽。

「反向導師制」的引進，讓資深員工也能獲得新知識。

這也可以說是有意消除認知偏誤的嘗試。藉由增加多元不同的視角，有助逐漸修正認知偏誤和成見，使得思考更加全面且客觀。

不過，倘若思維繼續停留在「跟新進員工或年輕員工沒什麼東西好學的」，或是「教育指導應該是由上往下才對」，反向導師制恐怕也發揮不了什麼作用。

除了反向導師制之外，日本企業慣用的**「工作輪調」，也是修正認知偏誤的另一個好方法。**

隨著經驗與知識增加，自然會增加不同的觀點和視角，而工作輪調的目的就是「刻意藉由體驗不同部門的工作，增加不同的角度觀點。」

不同立場的人意見分歧、爭論不休，衝突對立是不少職場的家常便飯。

舉例來說，即使在同一家公司，銷售部門

和生產部門的工作環境便截然不同。

生產部門的基本原則是「提高產品的品質」，以及「保留多一點時間，以確保產品的品質」這類製程需求。銷售部門則是希望「盡可能滿足顧客的需求」，因此在很多情況下，這兩個部門經常會產生衝突。

即使彼此的目標相同，都是「為客戶提供更好的產品或服務」，兩者的做法卻大相逕庭。**不同的出發點，當然會造成認知和做法上的差異。**

一個經歷過工作輪調、擁有製造部門經驗的業務，和一個只擁有銷售經驗的業務，我想前者應該更有辦法在滿足客戶需求，以及盡量不造成製造部門負擔之間取得平衡。

藉由增加不同的觀點和視野，讓我們能夠為不同立場或想法的人提供協助。

為了讓工作得以順利推動、取得更好的成果，關鍵在於對話，而非對立。因此，瞭解自己的認知偏誤是首要之務。

人們往往對生活中常見的詞彙深信不疑

如果有人突然對你習以為常的某個詞彙問道：「那個詞彙，究竟是什麼意思？」你有辦法回答清楚嗎？

舉例來說，「主體性」這個詞彙，近年來廣泛用於商業場合中。如果有人問你：「什麼是主體性？」你能夠馬上解釋清楚嗎？

「主體性」還有個相似的詞彙叫「自主性」，這兩者又有什麼差異呢？

仔細思考過後，你應該會發現，「主體性」和「自主性」這兩個詞彙看似具體，其實非常抽象，對吧？

正因為我們在日常對話中頻繁使用這些詞彙，便容易產生「自己非常理解」的錯覺，而不會特別去深究真正的含意。

查閱不同辭典，會發現「主體性」的定義

是：「能夠基於自己的意志與判斷採取行動，並且展現這樣的態度與特質。」而「自主性」的定義則是：「在接受指示之前，主動採取行動。」

辭典當然可以提供答案，但也可能是一種讓思考停止的陷阱。因為一旦我們滿足於辭典的答案，便不會進一步思考詞彙的真正含意——「辭典這樣寫，就一定是這樣。」

關鍵在於，我們是否真的發自內心理解這些詞彙。如果自己未能真正理解這些詞彙，便無法靈活運用，也就沒有辦法向別人說明清楚。

只有當我們開始思考：「辭典上是這樣寫的，但是具體來說，究竟是什麼意思呢？」，並且往下深入探討，才能真正理解這些詞彙，用自己的話說明清楚。

就像是向客戶介紹商品時，只能照本宣科背誦產品手冊或官網內容的業務，跟能夠用自己的話清楚傳達商品價值的業務，兩者的銷售業績一定大不相同。

當我們省略了自己思考、理解並轉化成自己的用語的過程，便很難在客戶提出問題時即時應對。如果連最基本的都說不明白，恐怕很難取得客戶的信賴，甚至可能令人懷疑：「這個人真的可靠嗎？」

雖然現在資訊取得的速度變快了，「上網查一查就知道」，卻也因此失去獨立思考的能力。

即使是很小的事情，能夠用自己的話表達出來的人，往往更具有說服力、更有魅力。

■ 過去「理所當然的事」全都該重新審視

「現在的年輕人就是這樣。」

「我們以前怎樣又怎樣。」

像這樣的說法，在任何時代都屢見不鮮。近年，更是經常聽到有人說：「現在的年輕人抗壓性低，很不可靠。」「承受不了挫折呀。」

面對這些「耳熟能詳」的說法時必須特別留意，因為不同的時代對於「可靠」或「受挫力高低」的定義，可能完全不一樣。

比方說，「可靠的人」可以指，願意加班完成手上工作的人；但是，準時在上班時間內，以超高效率完成所有工作、不需要加班的人，也是「可靠的人」，不是嗎？

有時，我們會形容遭到責罵、惡意批評，也不會因此被擊垮的人「抗壓性強」；但同時我們也會用「抗壓性強」來形容不管失敗多少次，都能夠再站起來繼續往前進的人。

有些人能夠在尊重他人意見的同時，依然成功推動專案達成目標，這或許也是一種「抗壓性強」的表現。

「所謂的『可靠』，究竟是什麼意思呢？」

「『抗壓性強』的人，又具備哪些特質呢？」

如果我們不去懷疑這些詞彙真正的含義，只是慣性地使用著它們，我們的價值觀與看待事物的方式便無法與時俱進，可能會跟不上時代。

倘若無法進一步理解語言背後更深層的含意，很容易被時代拋在後頭，視野變得狹隘，僅能用單一視角來觀看事物，思維也因此僵化、失去彈性。

「標籤化」讓我們停止思考

有一位名叫田中達也的微縮模型藝術家，非常擅長運用日常生活中的物品打造迷你的袖珍世界。他用圖釘拼成哆啦A夢的竹蜻蜓，把筆記本變成房屋的屋頂，或是把塊狀奶油仿造成一座可攀爬的山。他的作品打破了框架，展現了無限的想像力。

我們的日常生活中有各式各樣的「物品」，這些物品通常都有「既定的用途」。例如，剪刀、指甲剪、鉛筆、橡皮擦等等，它們都有各自的用途。

在商場上也是如此，職稱頭銜就像是一種標籤，不必特地說明也能讓人快速理解我們的角色與職責。不僅是「顧問」或「培訓講師」這類職業稱謂，其他如「董事長」、「財務主管」、「設計總監」等等頭銜稱謂也是相同的功能。

然而，當事物被賦予一個正式名稱和固定用途後，我們往往就不會去做其他嘗試。

比方說，市面上有非常多種類的清潔劑，例如：洗碗精、浴室清潔劑、洗衣精等等，成分可能大同小異。即便如此，大部分的人仍然不會拿馬桶清潔劑來清洗浴缸，即使兩者的清潔效果沒什麼兩樣。

事實上，很多東西可能不止擁有一種用途，然而一旦貼上標籤，我們的思考就很容易停滯不前，不再去探索其他的可能性。**名稱與頭銜職稱雖然能夠清楚表達「用途」，卻也是限制事物的框架。**

要像田中達也那樣，把衛生紙想像成雪丘坡道，或是把炸雞看作是秋天的紅葉，並不是件容易的事。**我們需要刻意提醒自己打破框架，才能擁有這種跳脫既定標籤的想像力。**

順帶一提，我在官方網站上，雖然寫道自己的頭銜職稱是「問題解決顧問」與「人才暨組織發展顧問」，但實際上我很少以「顧問」

自居。自我介紹時，我通常只會說：「您好，我叫岡佐紀子。」

大約是十多年前的事情吧，我曾經委託一位經營顧問協助我經營公司。他在瞭解我的狀況後，建議我應該為自己訂定一個明確的頭銜。然而，當時的我毫不猶豫地拒絕了，因為我對於給自己貼上「顧問」或「培訓講師」這樣的標籤有一股莫名的抗拒感。

然而，在拓展業務時，有個頭銜確實能夠帶來一些好處。頭銜職稱能讓客戶一目瞭然理解你在從事什麼樣的工作，更容易判斷可以向你尋求什麼樣的協助。所以，我才會在本書加上這些頭銜。

不過，這份抗拒感不曾消失。我一直在思考：「為什麼我會這麼排斥頭銜呢？」直到某天，我終於察覺到答案了：我不想讓認識我的每個人，看到我的頭銜而停止思考，也不希望自己被局限在這些框架裡。

一旦我自稱「顧問」，別人就會把「岡佐紀子」歸類為「顧問」，不再試圖從其他角度來認識我，這正是我內心感到抗拒的原因。

然而，**不可否認的，標籤確實能讓事物變得更容易理解，有時甚至是一種品牌塑造的策略**。明確定義自己是個「什麼樣的人」，能讓客戶快速判斷是否要與我們合作。

但我們也必須瞭解到，標籤可能會限制我們的思考，使我們無法繼續探索更多的可能性。

因此，我們應該瞭解標籤可以帶來的好處，以及標籤可能帶來「令人畫地自限」的壞處，學會視場合靈活運用這些標籤。而關鍵就在於，根據不同情境判斷「是否要使用標籤」，以及「要使用哪種標籤」，而非被動地受到標籤框架限制。

對「理所當然」抱持懷疑

人們的價值觀會隨著時代變遷而改變，消費行為也不斷地在變化。如果我們的價值觀無法與時俱進，很容易會以為自己的觀點「絕對正確」，難以接受和自己不同的思考模式，甚至會排斥它們。

舉例來說，訂閱制（subscription）服務的普及，使我們能夠以低成本享受更多元的內容。共享經濟（sharing economy）的興起，也讓「擁有」的價值逐漸被「共享」所取代。

如果我們沒有察覺到這些變化，很可能還是認為「家電一定要用買的」、「擁有一輛車才算有點成就」、「擁有的東西越多，就代表越富裕」，仍然受到舊有的既定觀念所束縛。

想要跳脫既有的固定觀念，就必須記得隨時詢問自己：「一直以來認為『正確的事情』，真的正確嗎？」

學校教育也隨著時代的演進，發生了很大的變化。有些人小時候，有沒有曾經因為忘了帶課本，而被老師揍呢？四十年前左右，在教室裡吵鬧或是在走廊上奔跑，可能會遭到老師責罵甚至挨一頓棍子，這在當時是非常稀鬆平常的事情。

現在如果有老師對學生做出這種行為，可能馬上會被拍下來上傳到網路上公審，引發社會熱議。時代在變，文化、常識以及我們所認為的「理所當然」，也不斷地在改變。

我有三個孩子，其中一個是FtM跨性別者，出生時生理性別為女性，但是性別認同為男性。他現在大方對外分享自己的經歷，從高中時期開始，他就在各大學校和企業舉辦講座。我從這個孩子身上學到非常多。

我的孩子在小學六年級的時候，學校寄來了公立國中的制服。由於他的戶籍性別是女性，學校便寄了女生制服過來。他看著那套制服，開口問我：「媽媽，為什麼女生一定要穿裙子？」

我想都沒想就直接回答：「學校規定的啊。女生當然要穿裙子呀。」

我的孩子重複問了一次：「媽媽，為什麼女生一定要穿裙子啊？」

他重複問了兩次同樣的問題後，我才停下來思考：「對啊，為什麼女生一定要穿裙子？」但是，我一時之間想不到「學校規定的」以外的答案。

每到冬天，就經常可以看到女學生在裙子裡面穿了運動褲，因為單穿裙子實在是太冷了，我自己在當學生時也那樣做過。事實上，穿褲子比穿裙子更方便行動，在冬天也比較保暖，但是學校依舊規定女生制服必須穿裙子。

過去，我從未懷疑過「女生穿裙子、男生穿褲子」這件事，因為那是以前所謂的「標準規範」，但是時代已經不同了。

在那之後大概三年後，那間學校成為當地首間提供「男女通用制服」的中學校，學生可以自由選擇穿裙子或穿褲子。從那個時候開始，男女通用制服的概念，逐漸普及到該市的各所學校。

這樣看下來，許多我們過去認為「正確」的事，是不是其實未必正確呢？你的心中應該產生了不少懷疑吧。**今天認為是理所當然的價值觀，未來可能會被完全顛覆。**

社群媒體的普及，讓更多人聽見過去被壓抑的聲音，也讓許多過去被掩蓋的不公義得以公諸於世。而所謂的風俗習慣和禮節，也會隨著時代變遷而改變。過去的常識，若現在是違反常識，其實一點也不稀奇。

如果不懂得與時俱進，堅持固守舊有觀念，最終只會落得與社會脫節的下場。這不單是一句「生錯時代」就可以簡單帶過的，**當禮儀規範和道德隨著時代改變，而我們卻無法適應變化，甚至拒絕接受新的觀點時，很可能會在不知不覺中產生強烈的「偏見」。**

價值觀隨著昭和、平成、令和時代的變遷，發生如漸層般的變化

對既有觀念一點質疑也沒有
服從者符合社會規範

受限於既有觀念
開始對社會產生懷疑

瞭解隨著時代變化，價值觀也在轉變，認知到自己內心的無意識偏見，知道用詞必須慎選

	服從與團結	競爭與個性	共生與連結
社會價值觀	追求國家利益、 集體主義的價值觀、 團體主義、 重視家世與社會地位	追求個人利益、 個人主義興起、 多元包容、 能力、才能與實力取向	追求社會和諧與永續發展、 共鳴、連結、永續發展、 追求社會正義、 重估倫理規範
經濟與職業觀	重視產業發展、 終身僱用制度、 匠人精神、 物質匱乏的年代，渴望擁有	能力主義、 重視職涯發展、 全球化、 消費社會	副業與零工經濟的普及、 數位轉型（DX）永續發展
文化與教育	尊重傳統價值觀、 重視家世與社會地位	關注外表與消費文化、 資訊化社會的發展	倫理消費、環保意識抬頭
家庭與人際關係	以家庭為中心的價值觀、 重視上下關係與縱向社會	家庭型態的多元化、 性別平權意識提升	多元包容的生活型態、 重視心理健康
教養與規範	接受體罰與嚴厲言語、 強迫符合要求	重視個人權利與自我展現	加深對個人特質與多元生活型態的理解

意識到所謂的「理所當然」正在發生改變

瞭解「無意識偏見」，提升你的懷疑思考的能力

各位都聽過〈盲人摸象〉的寓言故事吧。這是一個關於六位盲人摸索大象真面目的故事。

因為大象很大隻，盲人們無法一次摸到大象的整個身體。有人摸到大象的尾巴，便說：「大象像一條繩子。」有人摸到大象的腿，便說：「大象像一根粗壯的樹幹。」眾人各說各話。

大象的尾巴確實像條繩子，大象的腿也很像樹木的樹幹。從不同的角度來看，這些認知都沒有錯。

但那真的是大象嗎？答案顯然是否定的。繩子和樹幹，都不是大象。

這則寓言故事告訴我們，我們往往只看到部分的事實，便以為自己看見全部，覺得自己的所見所聞就是「正確的」。

缺乏多元視角、視野狹隘的狀態，就等同

六個盲人與大象

① 摸到鼻子說：「大象就像條蛇。」
② 摸到耳朵說：「大象像把扇子。」
③ 摸到腿說：「大象像樹木的樹幹。」
④ 摸到身體說：「大象像一道牆。」
⑤ 摸到尾巴說：「大象就像一條繩子。」
⑥ 摸到象牙說：「大象像把長矛。」

六個盲人爭論了很久，誰也不願意讓步，
各自堅持自己的看法是正確的。

其實，他們的主張都沒有錯，都是真實的感受。
差別只在於摸到的部位不同，因此感想迥異。

我們在理解事情或他人時，往往只看到其中一部分，卻以為自己掌握了全貌，並以言行表現出來。不要以片面之見來主張己見，要多聽別人的想法與意見。

於看不見存在這個世界上的其他事物。

即使眼前有頭大象，蒐集再多的片面資訊，例如：「像圓木般的東西」、「宛如又大又薄的大皮革」等等，恐怕也得不到「大象」這個完整答案。

思考也是同樣的道理，唯有擁有多元視角的人，才能夠看見大象的全貌。**只要能夠察覺自己思考的限制，便能夠改變觀看事物的方式。**

然而，大部分的人都無法察覺自己有認知偏誤，因為我們很容易在無意識間只關注事物的某一部分，而這種現象正是所謂的「無意識偏見」（unconscious bias）。

只要知道這種偏見的存在，就能夠審視自我，提醒自己：「我現在可能出現認知偏誤了。」

無意識偏見最典型的例子，就是「身邊的人都這樣做，我也必須採取相同行動」的「從眾心理」，亦稱為「同儕壓力」。比方說，「主管從不請特休，部屬也不應該請假。」有的公司甚至很難讓員工開口請假，辦公室瀰漫著「連上司都沒有請特休，我們可以請嗎？！」的氛圍。

接下來，我將介紹其他典型的無意識偏見。瞭解無意識偏見有哪些特定的模式，是提升懷疑思考能力的重要關鍵。

■ 7種常見的無意識偏見

• 權威偏誤

當專家或權威人士發表意見時，我們往往

會高估其正確性，甚至覺得「這個人說的話一定是正確的」，不經思考就全盤接受。這種心理傾向正是所謂的「權威偏誤」（authority bias）。

舉例來說，假設我對大家說：「改善腸道環境，有助於維持健康。」但是，另一位知名的大學醫院胃腸科或消化內科的教授卻說：「腸道環境與健康無關。」你相信誰說的話呢？

我們很少對醫生、律師、教授等等具權威性的專業人士所說的話產生懷疑，也很少刻意驗證他們的論點是否有根據，大多相信他們說的話一定是「正確的」。

- **正常化偏誤**

面對不預期的突發狀況，當情況不利於自己時，人們往往會低估危機的嚴重性，這種現象稱為「正常化偏誤」（normalcy bias）。

例如，當政府發布災害避難警報時，仍然有人認為：「應該不會那麼嚴重吧」、「我們這邊應該沒事」，因此錯過了逃生的重要時機。

- **確認偏誤**

「確認偏誤」（confirmation bias）指的是，

當我們針對某個事實或理念進行檢證時，很容易只會挑選能夠支持自身主張和理念的資訊或證據，忽略相反的事實。

• 光環效應

當我們評價一個人或事物時，很容易受到某個突出的特質所影響，導致判斷產生偏頗，這就是所謂的「光環效應」，或稱「月暈效應」（halo effect）。在許多宗教繪畫中，聖人的頭上經常描繪著發著光的圓環，這個圓環就是「光環」。

舉例來說，同一項產品，不同的業務前來推銷，所帶來的印象應該截然不同。假設有兩個人來跟你推銷，其中一個是你討厭的人，另一個是你信賴的人，想必你的感受應該相差甚大吧。我們甚至會以對方的穿著或相貌來判斷那個人的個性。

• 初始效應

最初接收到的資訊，容易在心中留下較深的印象，甚至會影響我們後續的判斷，這種心理現象就稱為「初始效應」（primacy effect）。

例如，早上起床聽到的第一則新聞，通常

會讓我們覺得它的內容，比之後聽到的消息都要來得更加印象深刻、真實、可信。

• 近因效應

與初始效應相反，「近因效應」（recency effect）指的是，最後獲得的資訊也容易影響整體判斷的現象。

例如，上司在嚴厲的指導之後，又安慰了你、給予你協助，你可能不會對他產生過於負面的印象。假如上司先鼓勵了你，然後又嚴厲地把你給教訓了一頓，你對上司的印象可能就會停留在「上司很嚴厲」、「我被上司臭罵一頓了」上。

• 公正世界假說

「公正世界假說」（just-world hypothesis）是一種「善有善報，惡有惡報」、「努力一定可以得到回報，這個世界是公平的」信念。然而，現實中並非如此。

有人做好事卻遭遇不幸，也有人做壞事卻未受到任何懲罰。即便拚了命努力，也未必能夠得到回報，這才是最真實的情況。

當我們看到某個人遭遇不幸，但是與自己無關時，我們很容易說出：「你也必須負起部分責任」，來責備被害人。

我們認為這個世界是公平的，深信只要努力就會得到回報，好人有好報。因此，人們願意付出努力、做善事、參與志工活動，很自然地對周遭的人抱持著友善的態度。

然而，一旦發現現實社會並不存在所謂的公平正義，我們必須接受「再怎麼努力，也未必能夠得到回報」的事實，這對大部分的人來說是非常難以承受的。為了維持內心的平衡，人們很容易去怪罪受害者：「他一定也是哪裡有問題，才會發生這種事。」

最典型的例子就是，當有人遭到性騷擾時，明明應該譴責加害者，卻常有人檢討被害者：「都是因為妳的穿著太暴露了。」

除了這七種常見的無意識偏見，心理學實驗也證明了其他各式各樣的認知偏誤。換句話說，**我們彷彿戴了一副多重的有色眼鏡，而每**

個人擁有的有色眼鏡，都有不同的度數、顏色和折射率，因此每個人觀看世界的方式都不大一樣。

■ 價值觀影響我們觀看世界的方式

當你搭乘電車時，坐在對面座位上的小孩正在大聲講話，你會怎麼想呢？有的人覺得：「有夠吵的！」也有的人會微笑想說：「真是有活力呢！」同一件事情，各人卻有不同的感受和看法。

職場中也是如此。面對動作較慢、適應期比較長的部屬，有些主管會覺得：「這個人真不可靠。」但是，也有主管可能會認為：「他很努力」，並且在看不見的地方默默守護著他。當我們思考時，其實都帶有某種特定的「習慣」，而且很容易影響到情緒。

如果我們能夠大致掌握自己的思考偏好，瞭解自己容易產生哪些思考偏誤，就能在情緒發生波動時提醒自己：「啊啊，我現在可能出現了某種思考偏誤。」如此一來，便能用更客觀的角度來觀看事物。

雖然「偏見」這個詞彙通常帶有負面的意涵，但我認為無意識偏見未必總是不好的，因為那也可以說是一種個性。

舉例來說，日本代表性的藝術家草間彌生，她的作品全部都布滿著圓點。她也曾經說過，自己看到的世界，就是由無數的圓點所組成的。

我們一般人看到景象或物品，通常都不會看到什麼布滿圓點的圖案。然而，對草間彌生來說，她看見的世界就是充滿著圓點。這也算是一種認知偏差。她持續凝視著自己所見的景象，不斷提升對事物的感受，最後將之昇華成藝術，正因如此，她才有辦法創作出那些令人驚艷的作品。

那些一流的人，往往對於技能或技藝有著獨特的堅持，而這種堅持本身算是一種偏見。不斷磨練並昇華這些「偏見」後，便能彰顯出強烈的「個人特色」。

再進一步淬鍊這份堅持後，甚至能夠打造成一種個人品牌。無意識偏見並非完全是負面的，它也可能帶來正面的影響。

重點在於，我們能否意識到自己有哪些偏見。有些偏見能夠昇華並轉化為藝術，但是有些偏見只會變成傷人的負面刻板印象。

偏見就像是一把菜刀，可以用來切菜烹飪出美食，也可以用作傷害他人的武器。**我們應該要懂得辨識自己的偏見，並且學會靈活運用，讓偏見成為提升自我的工具，而不是限制思考的枷鎖**。

「故事」比「事實」更能打動人心的原因

截至2024年5月，全日本有超過五萬多家的便利商店，很多人的住家附近可能就有兩三家便利商店。

請你想像一下，假設離你家最近的車站，附近有A、B兩間便利商店，地點都很好，鄰近車站，商品種類多，店面大小相仿，內外裝潢乾淨整潔，店員的服務態度普普通通都差不多。

但聽說，B店的店長曾在二十多歲時生了一場大病，奇蹟般康復後，他想：「既然這條命是撿回來的，我應該為大家帶來歡樂和喜悅！」因此，他決定開一間便利商店，服務更多人，讓每天來往車站的客人，都能夠感受到溫暖和便利。

好，假設A店與B店的業績都開始下滑，你比較會想要幫助哪間便利商店呢？如果這兩間店的老闆都換人了，你又有什麼感受呢？

我想，大部分的人應該都會選擇為B店加油，甚至會擔心B店店長的去向：「他為什麼放棄那間店了呢？」「早知道，應該更常去光顧才對！」也許，心中產生了很多疑問和想法。

為什麼會有這樣的差距呢？這是因為B店有A店所沒有的東西，那就是B店店長開店的「故事」。

B店店長鬼門關前走一遭的故事感動了我們，縮短了我們與B店之間的心理距離。人們容易被故事打動，我們容易因為故事激發情感，不知不覺就受到吸引。

透過「故事」引導我們採取特定行動的手法，無處不在。

舉例來說，在電影或影集中，關鍵場景總會搭配特定的配樂。當主角克服困難、朝著夢想前進時，配樂節奏總是明快、充滿希望；當主角陷入危機時，配樂氣氛常是緊張又刺激。這些場景和配樂的安排，都是創作者精心設計的，目的就是在特定時刻放大觀眾的情緒反應，「為觀眾帶來感動」。

我們看完電影或影集後覺得很感動，往往是製作團隊背後意圖——「想要打動觀眾的心」所帶來的結果。

就算不是什麼嚴重的問題，假如不斷聽到「這樣是不對的！」、「不能再這樣下去了！」，我們心中難免會感到有些不安。請試著留意你的四周，是不是馬上就可以發現那些煽動我們的焦慮感，以吸引人們目光的廣告或文案標語呢？

舉例來說，常見的保健食品或是呼籲捐款給發展中國家的廣告，你是否曾經不自覺就對廣告中的人物產生共鳴，被故事給打動了呢？

這些故事或許完全是虛構的，然而**人們往往對「故事」信以為真，甚至沒有察覺到自己「中了商人的行銷妙計」，並且「受到煽動，採取對方期望的行動」。**

仰賴過去經驗的「自動化思考」有什麼風險？

我們的思考依據，大致可以分為「知識」與「經驗」兩個來源。在衡量知識與經驗的重要性時，大部分的人多數會比較仰賴「經驗」。那是因為我們比較重視自己親身經歷過的事情，往往把「過去的經驗」視為「唯一正解」。

比方說，很多人從小就被教育：「不要亂花錢，要把錢存起來！」

在過去的日本，泡沫經濟時期景氣大好，也沒有什麼人口減少的問題，銀行的定存利率高達8%～10%，是之前二三十年間某些時期利率的百倍、千倍之高。

在那樣的時代，只要把錢拿去銀行定存，就能夠輕鬆讓資產增值。但是，現在日本的定存利率連1%也沒有，前幾年負利率時代，很多銀行的存款利率還遠遠低於0.1%。換句話說，就算存了100萬日圓在銀行，一年下來的利息也不到一千日圓，用ATM提款光是手續費就把利息給吃掉了。

幾十年前，把錢存到銀行去定存，曾是最好的資產管理方式。如今，這個做法已經不適用了，必須尋找其他的方法。然而，如果沒有意識到，我們必須隨著時代環境的變化與時俱進，很多人仍可能沿用自己過去學到的觀念，對孩子或孫子說：「把錢拿去銀行好好存起來！」

在職場上，有不少上司往往也是以自己過往的經驗為基礎來指導部屬。

如果上司本身是在充滿關愛和鼓勵的環境下成長的話，可能也會以類似的方式對待部屬和同仁。在不斷遭受上司斥責的嚴厲職場環境下成長、取得成功經驗的人，很容易認為部屬也必須經歷相同的成長過程，唯有接受嚴格的指導才有辦法進步。然而，這類上司很可能在無意間會把部屬壓垮。

此外，經驗較少的人必須特別小心，因為

缺乏參考案例，沒有太多選項可以選擇，很可能無法根據部屬的個性與工作環境調整指導方式，導致管理相對缺乏彈性，難以培育人才。

值得注意的是，這種現象並不僅限於負面經驗，**有時正向的成功經驗反而容易帶來更多限制。因為過去的成功經驗會帶來強烈的印象，讓人以為那個方法一定有效，能以相同的方式複製過去的成功經驗。**

舉例來說，過去有些業務遇到業績落後時，會採取「逐戶拜訪」的方式，到每戶人家按門鈴進行推銷，最後變成銷售冠軍。然而，如今時代已經不同，大部分的人看到陌生人根本不會應門。

有過這樣的成功經驗，有些人可能會固守舊有的做法，並且要求部屬也必須照做，因為他們認為這是唯一有效的方法。

然而，**過去的成功經驗不應當是枷鎖，我們必須考量時代環境的變化，勇敢捨棄已經不再適用的過往成功經驗。**有些人能夠靈活應用並轉化經驗，放掉過去的成功光環，不斷地提升自己。然而，卻也有不少人因為過去的成功經驗實在輝煌、印象過於強烈，使得自己受困其中，作繭自縛。

隨著市場變化，曾經有效的成功法則，現在未必能夠持續奏效。

我擔任企業培訓講師已經超過十年，在這段期間內，企業要求的培訓主題發生了劇烈變化。現在，企業的培訓主題非常多元，甚至有企業希望我為他們主講「幫助同仁找到人生方向，離職追求夢想」，或是「如何讓離職員工願意回鍋」等等題目。

與其他培訓講師交流時，我發現，大家的狀況呈現兩極化。有的人覺得「培訓需求逐漸減少」，也有人認為「市場需求暴增，案子多到應接不暇」。

這兩種反應最大的差異就在於，是否因應市場環境的變化，調整經營模式與宣傳管道。若無法因應市場變化進行調整，營業額和接案量自然會下滑。

假如未能掌握整體市場和競爭對手的動向，很容易產生「整體產業正在衰退」的錯覺。但實際上，很多時候並非如此，只是自己沒有跟上變化而已。

你覺得自己身處的產業正在走下坡嗎？現在你所處的產業，真的是夕陽產業嗎？會不會只是因為你長期待在同溫層，使你無法察覺市場需求與趨勢變化呢？

在日本的百貨公司或機場，經常能夠看到「虎屋」（TORAYA）的店面。虎屋是一家創立於室町時代後期*的和果子老店，他們熱銷的羊羹產品，除了有經典的傳統口味之外，還有巧克力、蘭姆葡萄乾等創新口味。正因為在堅守傳統的同時，也不斷地順應時代變化與時俱進，這家和果子老店才能傳承數百年不間斷。

請試著用懷疑的角度分析周遭事物，相信你一定能夠從中找到新的啟發與可能性。

* 室町時代約為1336年-1573年。

不瞭解的事情，無從懷疑起；瞭解了之後，便能提出質疑

在前文便利商店開店故事的例子中，說明了人們容易受到故事打動，情感驅使我們採取行動。相反的，我們也很容易對「義正辭嚴」、看似「正確的言論」感到不快。

舉例來說，你的身體非常健康、有元氣，某天搭公車坐在博愛座上，突然有人對你說：「博愛座是給長輩和身體不方便的人坐的。你的身體很健康的話，是不是應該讓座給其他有需要的人呢？」

請問你會有什麼感受？

雖然對方講得很有道理，但是不是也讓你感覺有點不大愉快呢？

刺激情感，便能影響人們的行動。

「利用情感來驅使別人採取行動」，這句話

聽起來或許有些誇張刻意，但事實上，這種手法在日常生活中隨處可見。

假設某天因為下大雨，你的西裝被雨水淋得濕透了，結果你感冒了。你因此想買套「防水速乾的西裝」，便上網搜尋。假如那個時候網頁突然跳出一則廣告，主打「速乾型防水西裝，大雨梅雨通通不怕！」恐怕你不會想太多，就直接點下去購買了吧。

這種訴諸情感、促進購買欲望的行銷方法，稱為「情感行銷」（cmotional marketing）。稍微留意一下映入眼簾的各種廣告，應該不難發現它們大多透過許多巧妙的方式試圖激發你的情感共鳴。

去商場逛了一圈出來，手上提了許多原本沒有打算要買的東西，我想大家應該都有類似的經驗吧。「預期之外的折扣特賣」、「這間店好多人在排隊，不知道在賣什麼」、「被店鋪飄出來的香氣給吸引」，日常生活中到處可見各種行銷手法，總是不知不覺勾起我們的購買欲望。

我們以為自己是「自主蒐集」必要的資訊，但其實不少時候我們的需求是被刻意塑造出來的，受到行銷手法的引導，以為自己「想要知道更多」。

前些日子，我帶著孩子到知名連鎖西裝店選購求職用的西裝，店員極力推薦我們買黑色西裝，並說：「幾乎所有求職的新鮮人，都會選擇黑色西裝。」

當下我心想：「為什麼求職一定要穿黑色西裝？黑色真的比較好嗎？」

我問店員：「有深藍色的西裝嗎？」

店員回答：「求職者穿著的標準服裝就是黑色西裝。我們建議從這區的黑色西裝挑選。深藍色西裝通常是婚喪喜慶時穿著。」

聽到這番話，我女兒對我說：「媽媽，店員都這樣說了，就選黑色的吧。」

我跟女兒說：「妳真的想要黑色的嗎？如果妳喜歡黑色，當然可以選黑色。但是，『求職一定要穿黑色西裝』，這真的是正確的嗎？

大家都選黑色西裝，真的是這樣嗎？我們真的需要跟別人一模一樣嗎？請妳再想一下。」

事實上，也有人認為「沒有人規定求職一定要穿黑色西裝。那既不是社會規範，也不是什麼禮儀常識。黑色西裝反而比較常用於婚喪喜慶，不大適合求職時使用。」

我還問了不少人資主管，他們也都表示：「我們其實並沒有要求求職者一定要穿黑色西裝。」

「求職時，必須穿著黑色西裝」的想法，也可說正是日本「從眾心理」的典型體現。

理解認知偏誤的存在，就像破解魔術手法那樣，對事物的掌握有了更深一層的認識。

不瞭解的事情，無從懷疑起；瞭解了之後，便能提出質疑。**當我們能夠察覺到商人巧妙運用無意識偏見作為行銷手法，當我們學會適時懷疑事物，不僅能讓我們掌握清楚事情的真相，也能更進一步保護財產利益。**

你們公司是不是也覺得「競爭對手都在導

入這種系統，我們也得跟進」，具有危機意識而遭到煽動，購買了一套根本沒什麼人在用的軟體呢？

每年都投入大量時間參加某個「傳統研習營」，但是那種培訓真的有用嗎？

此外，每週一上午都要開的例行會議，真的有成效嗎？

大家都「深信不疑的事情」以及「一直以來不可動搖的信念」，其實未必永遠正確。

察覺自己思考的限制，理解自己戴了一副多重的有色眼鏡，懂得辨識自己的偏見。

　　務實考量時代環境的變化，勇敢捨棄已經不再適用的過往成功經驗。當你試著用懷疑的角度分析周遭事物，一定能夠從中找到新的啟發與可能性。

第 4 章

駕馭資訊的訣竅

驗證確認「第一手資料」真實性的方法

第4章將解說如何有效驗證工作所需要的情報資料。

無論是製作簡報、寫新聞稿，還是準備重要決策會議的資料，很多人每天都需要整理各式各樣的情報資料，並且將整理好的資訊傳遞出去。

想要強化論點的合理性或有效性，並且提升說服力，最重要的就是取得佐證的數據與證據，而證據往往可以透過網路搜尋獲取。

上網取得證據後，關鍵就在於，必須對眼前的證據抱持懷疑的態度：「這些證據真的正確嗎？」，因為如果作為佐證的數據本身有誤，那麼使用該數據為基礎推論出來的結論也會是錯誤的。

現在最典型的誤導例子，就是剪輯過的短影音。

前幾天我在瀏覽某則網路新聞時，看到某位日本政治人物的發言引發了爭議。新聞的留言區充斥著「真有臉說這種話，難以置信！」，以及「這種政治人物應該下台！」等等批評和謾罵。

然而，這位政治人物的本意完全不是那樣，只是因為他的發言被剪輯成具情緒性和煽動性的影片，影片在網路上迅速傳播開來，許多人看了言論內容遭到斷章取義的影片，產生誤解而引發強烈爭議。

各位聽過「釣魚式標題」（clickbait）或「標題黨」嗎？

網路上許多數位內容創作者為了提高影片的觀看次數，以取得分潤和收益，會刻意使用誇張的標題與縮圖，或是透過影片的剪輯來製造戲劇化的效果。有越來越多的影片為了快速吸引觀眾的目光，而忽略了內容的正確性。

近來，大家越來越常提到「時間效益」

（Time Performance, TP）這個概念。TP值指的就是時間效益比，也就是時間能夠帶來的效益比例。

簡單來說，當我們獲得的滿足度，遠大於投入的時間，就是「時間效益高」。反之，若是花了大量的時間，卻沒什麼收穫，則是「時間效益低」。

影音內容也相當重視「時間效益」。觀眾一旦覺得內容無聊或不夠吸引人，就會迅速跳離。因此，為了瞬間吸引最多觀眾的目光，內容就變得越來越誇大不實。

結果就是，**許多資訊被斷章取義、重新剪輯，完全偏離原意，讓人誤以為重組出來的東西就是事實。**

大家從小到大應該玩過傳話遊戲吧？簡單一段話，經過多個人傳遞之後，內容就變得面目全非。**即使想要忠實轉達，當資訊經過不同的傳遞者，最終仍可能變成完全不同的樣貌。**

不少人受到資訊被刻意扭曲的誤導，而做

出錯誤的判斷。

尤其是在商場上，以錯誤的資訊為基礎來建構理論，後果恐怕不堪設想。例如：「根據數據預測，這款商品在關東地區的銷量將會大增，因此大量生產，結果發現數據本身根本就是錯誤的」，最後給公司帶來了嚴重的損失。

為了避免這種情況發生，**使用資料、數據或證據時，驗證「第一手資料」的真實性極為重要。**

尋求第一手資料時，關鍵就在於盡可能找到「未經任何編輯」的原始內容。必須隨時對「資料的正確性」保持懷疑的態度，尋找並驗證「資料的來源」。

雖然我們能夠取得的第一手資料有限，但光是判別資料是否完整、是否經過刻意編輯處理，便能帶來完全不一樣的結果。

為了確保資訊具有高度的可信性，應該留意下列幾點：資訊是否有明確的依據？是否以數據呈現？是否瞭解資訊的背景？

同一件事情，從不同的角度觀看，可能完

全就不一樣。因此，我們只能從多元的角度，找出「當下的最佳解」。

想要取得正確資訊並不容易，重點就在於「持續尋找」。「或許還有其他資訊可以參考」，像這樣總是保持著好奇心和求知欲，便能更接近真實可靠的資訊。

最後，**即使我們蒐集了大量高度可信的資訊，也未必能夠獲得百分之百正確的事實，這點請務必特別留意。**

驗證謠言的方法

謠言有各式各樣的型態。例如：「聽說今天要開會」、「聽說課長好像要被降職了」、「那個藝人似乎正在跟那位主播交往呢」等等都是謠言。在我們的日常生活中，謠言無處不在。

如果我們不經思考、輕信謠言，可能會被誤導，導致錯誤的判斷，冒然決定做出不適當的行為，給自己或他人帶來困擾。

假設有人跟你說：「明天的會議好像取消了。」你完全相信這個消息，選擇不出席，結果這場會議其實是「絕對必須參加的重要會議」，該怎麼辦呢？

即便你想責備散布錯誤訊息的人，恐怕也會反過來被其他人指責：「是你自己輕信謠言，才導致這種結果的。」

不輕信謠言，正確提出懷疑，正是保護自己的關鍵之道。

那麼，我們又該如何驗證謠言、正確懷疑呢？

■ 不要掩蓋問題，追求真相

職場上其實常見謠言橫行。

比方說，公司裡有著這樣的傳言：「聽說公司業績不斷惡化，已經到了無法挽回的地步了。」「我們公司好像要賣給競爭對手A公司了。」就在大家討論著謠言的時候，在場的某個員工緊接著補充道：「對了！這讓我想到，前幾天A公司的人確實來見過社長！」

於是，大家開始腦補：「公司要被賣掉的消息，很可能是真的？」謠言在公司裡不斷發酵，公司要被賣掉的消息彷彿變成鐵一般的事實，八卦加速流傳。像這種現象不時可見。

類似的情況也可能發生在個人身上，例如：「合作夥伴的B桑對部屬要求非常嚴格」，這樣的印象也可能逐漸演變成謠言：「B桑對部屬職場霸凌」，引發不必要的誤解。

謠言真真假假模糊不清，正因為無法完全

斷定謠言為謊言，也無法視為事實，所以才很難辨別真偽，難以平息謠言。

雖然不需要對所有傳言一一進行查證，但是「公司業績惡化」、「職場霸凌」等等，這類可能會對自己或周遭他人帶來負面影響的謠言，要是認為「遲早會平息」而選擇視而不見，並不是明智之舉。

應該適時主動向發言者詢問：「這是哪裡聽來的？」、「還有誰也這樣說？」，確認消息的來源，並且進一步追問：「……真的是這樣嗎？」

■ 讓模糊變清晰，謠言立即現形

不僅謠言，許多真假不明的訊息往往因為缺乏具體細節，而顯得模糊不清。謠言和流言最常見的表達方式，就是「大家都這麼說呀」。

「大家都這麼說」這句話，仔細想想便會發現，其實非常含糊不清。這個「大家」，指的究竟是誰呢？

但是，不少人一聽到「大家都這麼說」，往往就先入為主地認為：「既然大家都這麼說了，那應該就是真的吧？」而產生同儕壓力，覺得自己「必須順從大家的意見」。

事實上，**當我們想要說服他人或強化自身意見時，也可能無意間會用「大家都這麼說」的說法。我們必須保持警惕，隨時提醒自己。**

在這裡舉個例子，某間公司的老闆為了推動數位轉型，引進了新的財務會計系統，以減輕部門員工的工作負擔。然而，會計經理卻極力反對，表示：「會計部所有人都反對。」

雖然老闆原本也覺得：「既然員工這麼排斥，就不要勉強導入新系統好了。」但是，他後來並沒有盲目接受會計經理的意見，而是進一步詢問：「會計部有多少人反對？」，然後親自向會計部的同仁進行調查，驗證經理的說法。

結果發現，實際上反對的人只有兩個，經理和另一名員工而已。他們擔心新系統的導入會影響、讓自己失去工作，因此試圖阻止改革，誇大「反對者的數量」，讓決策者誤以為所有人都持反對意見。

■ 適時懷疑論述的前提條件

最近我的腸胃狀況不大好，在找對腸道健康有益的保健食品。就在這個時候，我看到一款健康食品的廣告標語寫道：「一顆膠囊，富含相當於10顆萵苣的膳食纖維！」

乍看之下，這款健康食品似乎富含大量膳食纖維。然而，我們應該先思考一下這個主張的前提條件：「萵苣的膳食纖維含量到底有多少呢？」

事實上，萵苣的膳食纖維含量並不高。根據數據，每100克萵苣，僅含有約1.1克的膳食纖維。根據日本厚生勞動省所提出的目標值，18～64歲的成年人建議之每日攝取膳食纖維量為：男性每天至少21克、女性每天至少18克。

「相當於10顆萵苣的膳食纖維」，這種宣傳文案會讓人以為富含大量充足的膳食纖維，但實際進行查證後，就會發現它的纖維含量其實並沒有想像中那麼多。**能夠適時懷疑論述的前提條件，就能夠幫助我們避免遭到資訊操弄和**

誤導。

在現代社會中，資訊誤導的情況非常普遍，我們往往卻一無所知。有時，我們會發現某個議題突然頻繁出現在各大媒體，原本覺得「這件事情真的有這麼重要嗎？」，沒想到話題越炒越熱。其實，這些新聞話題有時可能只是為了掩蓋其他更重要、不想讓人知道的消息。

比方說，當媒體報導某些特定事件或爭議騷動時，可能有某項重要的司法判決結果出爐。**當媒體大幅報導娛樂新聞或其他話題時，很可能是為了分散大眾對於某個重大事件的注意力。**

■ 適當懷疑問題本身的設定

我想請問大家一個問題，你知道日本的薪資所得平均年收入是多少嗎？

根據統計數據顯示，2022年日本受僱員工全年總薪資約為396萬日圓。但也有人說，日本受僱員工全年總薪資是458萬日圓。到底哪

平均值與中位數的差異

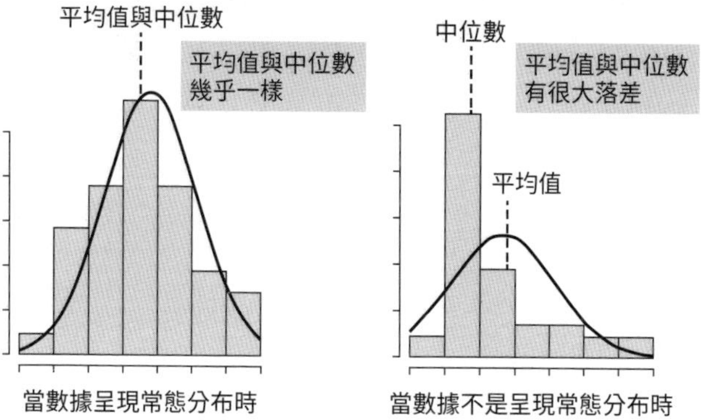

個才是正確的呢？*

其實，這兩種說法都是正確的，只差在數據的呈現方式不同而已，數據本身沒有錯誤。

此例在呈現總薪資的數據時，使用了兩種指標——「平均值」與「中位數」。「平均值」指的是，將所有數據加總後除以總數所得的數值；「中位數」則是將所有數據排序後，取位

* 若照2025年6月出現的最低匯率1日圓兌換0.2元台幣，396萬日圓約為79.2萬台幣，458萬日圓約為91.6萬台幣。

於正中央的數值。

舉例來說，假設有一組數據「5、10、30、70、80」，這組數據的中位數是30，平均值則是39。

又例如，假設有九個人的年收入為100萬日圓，而有一個人的年收入為1億日圓，則這十個人的平均年收入為1,090萬日圓，中位數則為100萬日圓。

這顯示出，**即使採用相同數據，不同的數據呈現方式可能會產生巨大的落差。尤其是大數據的分析，人們選擇性地剪輯想要的數據，來作為行銷或說服的手段。**

避免盲目接受資訊的技巧

明顯是捏造事實的論述主張，其實只要稍微詳細追問一下，對方就會露出馬腳。

在求職時，有些人可能會對履歷內容稍作美化，只呈現出美好的一面。若只是稍微誇大一點，可能還帶得過去，但若是扯得太誇張，例如：「只參加過三天的社團，卻說自己持續了四年」，或是「幾乎沒怎麼去上課，卻說自己全勤」，這種誇大其辭的謊言一旦被問到細節，很容易就會露出破綻。

在這種說話者知道「那件事情是假的」、清楚自己在說謊的情況下，我們透過提升懷疑思考的能力，便能夠識破對方的馬腳。

比較棘手的情況在於，說話者堅信那就是事實、深信不疑的時候。對方完全沒意識到自己在說謊，因此聽話的那一方聽了也很難起疑心，「這個人很可疑」的警覺機制便無法正常運作。

在聆聽簡報或資訊時，假如講者對資訊的正確性深信不疑，我們就必須提高警覺，讓懷疑思考發揮最大作用，進一步思考其數據與邏輯是否站得住腳，透過提問來驗證主張的真實性。

那麼，我們可以如何避免盲目信任資訊，讓懷疑思考發揮作用呢？

■ 瞭解「我才不會上當」的心態最危險

對於接收到的資訊不做任何驗證、照單全收的人，很多都有一個共通點，那就是過於自信，認為「自己絕對不會受騙上當」。

即使一開始警覺心很高，因為擔心自己會受騙上當，所以對於接收到的資訊會謹慎求證，但是隨著時間推移、逐漸熟悉環境狀況之後，防備心就會下降，容易掉以輕心。

尤其當我們學會了「如何辨別資訊真偽」以及「認知偏誤」等知識後，反而容易掉以輕心，認為「我比別人懂，所以不會受騙上當」而落入陷阱。

「是我啦！」這類假冒身分的詐騙，很多受害者也都抱持著「我才不會受騙」的心理。根據日本警視廳2018年的調查報告顯示，詐騙受害者當中有高達78.2％的人認為自己「不可能成為詐騙受害者」。相較之下，沒有落入詐騙集團陷阱當中的人，抱持相同想法的比例為56.8％。*

■ 理解偏誤無法完全排除

有些人可能會因為害怕被錯誤的資訊給誤導，而想要竭盡所能消除所有認知偏誤，試圖讓自己成為完全客觀的人。

確實，認知偏誤越多，受騙上當的機率越高。但是，我們每個人在思考時，本來就會夾雜著一些主觀的看法，沒有人能夠做到百分之百的客觀。換句話說，所有人都或多或少有認知偏誤。

---

* 資料來源：https://www.npa.go.jp/bureau/criminal/souni/tokusyusagi/higaisyatyousa_siryou2018.pdf。

在大都市長大的人和在鄉村長大的人，對於「安全感」或「時間使用方式」的看法當然不同。

例如，我先生在擁有豐富自然資源的環境中長大，他曾經說過，他不懂為什麼都市人要特地跑去野外露營。相反的，看到住在鄉下、對大城市充滿憧憬的人時，住在都市的人可能會覺得：「大都市的生活其實有很多缺點呀。」

對於在大都市長大的人和在鄉村長大的人來說，「富庶的生活」或「休閒活動」的定義說不定也截然不同。

只要世界上有兩個以上的人存在，人與人之間就一定會產生認知偏誤。

如果我們能夠意識到「自己可能有認知偏誤」，在尋找或接收資訊時，視角自然會變得更多元，思考也能夠更全面。

■ 試著刻意蒐集不同角度的資訊

當我們明白：「很難保證自己絕對不會受騙上當」，「想要百分之百沒有任何認知偏誤是不可能的」，我們心中自然而然就會開始產生疑問：「這個資訊真的正確嗎？」

重點在於，瞭解自己觀看事物的角度；接著，從不同的角度出發，蒐集資訊。

舉例來說，很常聽到一種說法：「最佳睡眠時數為八小時。」如果有人是短眠者，每天只要睡四個小時，可能無法贊同「每天至少要睡八小時」的主張。也就是說，他是持反對立場的。

因此，我們下一步該做的，就是蒐集支持「八小時睡眠最理想」的論述。在開始尋找這類論述時，許多支持這種說法的數據和論證，就會逐漸浮現出來。然而，在網路或社群媒體上蒐集資訊時，必須特別留意「過濾泡泡」的影響，我們很容易只會蒐集到肯定相關論述的資訊。

因此，**在蒐集與自己立場相反的意見時，可以追蹤與自身立場對立的社群帳號，試著觀察與自己的觀點迥異的人在想什麼。此外，靈活運用不同的社群媒體平台，能夠獲得更多元**

的資訊。

透過這些方法，我們就能夠蒐集到更多元、更全面的情報資訊。

話說回來，到底需要蒐集多少資訊，才有辦法驗證資料、做出合理的判斷呢？是否有一個明確的基準，可以判斷「現階段這樣的資訊量，足以引導出最佳解了」呢？

很可惜的是，這個問題沒有標準答案。因為**最佳解會隨著時代變遷而變化，立場不同，最佳解也會有所不同。**

所以，沒有所謂「資料一定得蒐集到多少才行」的判斷基準，只要依據「當下可得的資訊」來做判斷就可以了。**保持著不斷審視自己的態度，反而比較重要。**「我今天的判斷是這樣，但是三年後回頭來看，我可能會有不同的看法。」

法律也會隨著時代變遷而改變。過去，開車滑手機無法可罰，但是現在在日本違規可能要面臨6個月以下的有期徒刑或10萬日圓以下

批判性／懷疑思考的切入角度

內容是否公允客觀？
這篇文章的目的為何？
數據資料是否正確？
是否從多元的角度進行探討？
是否試圖讓人採信某件事？
是否有資訊提供以外的目的？
是否以個人的負面視角來建構論述？
資訊來源為何？
是否包含特定的政治或宗教立場？
是否摻雜了靈性觀點？

檢視自己與對方的觀點是否有所落差

是不是只看到了一部分？有沒有遺漏？

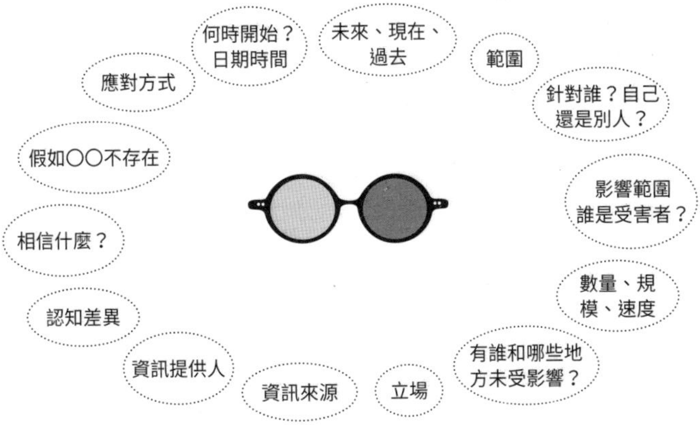
何時開始？日期時間
未來、現在、過去
範圍
應對方式
針對誰？自己還是別人？
假如〇〇不存在
影響範圍誰是受害者？
相信什麼？
數量、規模、速度
認知差異
有誰和哪些地方未受影響？
資訊提供人
資訊來源
立場

的罰鍰。

不僅限於刑罰規則，許多過去習以為常的行為，從現在的角度來看，可能全部都要「馬上出局」了。**因此，我們應該將「不斷變化」視為前提，根據當下的資訊做判斷，並且定期回頭審視，因應時代與環境的變化適時進行調整，試著從不同的角度重新檢視問題。**

換句話說，對於自己做出的結論，必須持續抱著懷疑的態度，詢問自己：「真的是這樣嗎？」也因為如此，我總是刻意尋找跟自己觀點完全相反的資訊。

當情緒遭到操控時，該如何冷靜應對？

「詐騙」是一種透過錯誤資訊來誤導對方，從中獲取利益的手法。

比方說，「是我啦！」這類佯裝親友的電話詐騙，或是婚姻詐欺等詐騙手法都非常巧妙。而這些詐騙的共同點就在於——奪走對方正常的判斷能力。

婚姻詐欺是利用受害者的戀愛情感，使其喪失理性的判斷能力。而「是我啦！」這類假扮身分的詐騙，則是製造危急的情境，例如：「公司發現我盜用公款，現在急需一筆錢！」，或是「我發生交通事故了，需要一筆和解金！」等等，讓對方感到擔憂不安、失去正常理性判斷，倉促做出決定。

社會和科技日益進步，詐騙手法也持續進步。日常生活中還有其他很多常見的詐騙案例，例如：「參加某個講座後，被好幾個人團團圍住，直到簽下高額商品的買賣合約才有辦法離開」，或是「在高級寢具的特賣會上，聽到銷售人員大聲叫賣：『現在購買，即可享七折優惠！只剩下最後五組！』，看到其他人搶購，因為一時衝動而買了根本不需要的東西。」

如果可以適時冷靜下來思考，馬上就會發現某些地方「有點奇怪」。但是，當我們感到焦躁不安或沮喪時，很容易會因此忽略事情不對勁的地方，面對錯誤資訊也照單全收。我們很容易在情緒高漲、不穩定的時候上當受騙。

在情緒高漲、不穩定的時候，我們很容易腦袋混亂、失去理性判斷力，難以判斷是非對錯。遇到這種情況時，「暫停動作」是非常有效的方法，能夠幫助自己恢復冷靜、正確掌握情況。

「暫停動作」如字面所示，指的是「停止所有的行動」，給自己一點時間整理情緒和想法。

例如，當我們面對憤怒、不安或悲傷的情緒時，不要急著立刻做出反應，而是先給自己一點時間冷靜一下，等待情緒平復後，再思考下一個行動。**在這段「暫停動作」的期間，問問自己：「我的情緒是從哪裡來的？那個情緒的真正根源是什麼？」**

我們可以把自己當作是「客觀的第三者」，試著從不同的角度來思考當下情緒產生的背景事實和狀況。

透過這個方法，即使情緒發生波動或處於不穩定、混亂的時候，我們仍能保持冷靜，與內心對話，做出理性且有依據的判斷。

在工作中或會議上，若能夠經常冷靜應對，便能夠找出平時容易忽略的細節。同樣的道理，停下來重新審視情報資料，能讓我們看到更多細節，掌握事情的整體樣貌。**大部分的時候，冷靜思考再採取行動，一點也不遲。**

暫停動作，冷靜下來審視情報資訊後，再採取行動；在行動過程中，持續保持懷疑的態度，不斷驗證情報資訊。只要我們學會靈活運用這兩種懷疑資訊的方法，便能適切地提出懷疑，適時研判情報資訊。

把想法感受寫下來，整理思緒更清晰

在失去正常理性判斷能力的情況下，腦海中的思緒經常是混亂不清的，情緒與事實通常糾結在一起。我們搞不懂自己為什麼這麼焦躁不安，無法釐清問題的核心，不知道該如何解決問題。此時，**把心中的想法全部寫在紙上，是整理情緒非常有效的方法。**

首先，請從「清空自己的思緒」開始。這個過程就像整理雜亂的抽屜，先把所有東西都拿出來，把抽屜清空，再一一確認裡面有哪些東西。

請你想像一下，現在有一個塞滿衣服的抽屜。抽屜裡襯衫、褲子、襪子全都混在一起，很難找到你需要的東西。這個時候，把所有東西全都拿出來，仔細分類整理，便能一次辨別哪些東西是你需要的，哪些是你不需要的。

亂成一團時，先把所有東西都清出來整理

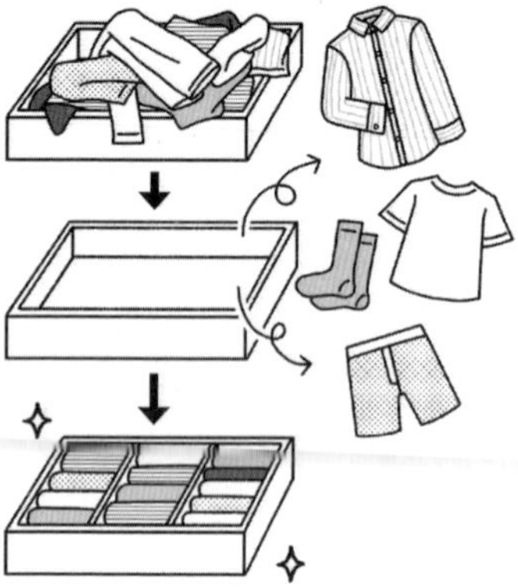

同樣的道理，當情緒高漲、思緒和資訊一團混亂時，最好的方法就是把腦中所有的想法全部寫下來。把想法和感受寫在紙上，能讓情緒、事實與先入為主的成見，頓時變得具體可見。

寫下來之後，再逐一檢視並進行分類，例如：「這個是情緒」、「這個有依據事實」、「這是單純的成見」等等。

然後，再寫下引發情緒的背景事實和狀況，進一步釐清是什麼讓你感到焦躁不安。

比方說，「明天要上台簡報了，但是我還

沒有做好準備，覺得很焦慮」，針對這股情緒進行具體化。深入思考後，你或許就會發現，焦躁不安的情緒背後有著先入為主的成見和假設，例如：「如果簡報失敗、遭到批評，代表我是個無能的人」，或是「擔心簡報沒做好，會影響大家對我的評價。」

在這樣做的過程中，有助於梳理情緒，釐清讓自己焦慮不安、煩惱不已或困惑不明的真正原因，進一步找出具體的因應對策。

把想法大致寫下來之後，看著你寫出來的東西，你可以再把它們畫成一張圖。這個時候，你可以運用第2章的「邏輯思考」來做整理。

「這兩件事，是同一個層次的嗎？」

「這兩者是同一回事嗎？」

「如果把這件事情拆開來看，應該可以分成三個部分吧？」

像這樣，將內容逐一分解，便能讓你腦中的東西變得有條有理。這個過程就像把抽屜裡的東西拿出來，再一一分類歸位。

破解謬誤的方法

接下來，我們要探討的是第2章曾經稍微提過的「謬誤」與「詭辯」。

「謬誤」指的是，人們不自覺以為某個論點是正確的，進而做出錯誤的推論。而「詭辯」則是一種說服別人的技巧，說話者為了讓別人接受自己的論點，刻意運用不合理的推論來誤導、矇騙對方。

「謬誤」與「詭辯」最大的差異就在於，說話者是否知道自己的發言有誤。**說話者明白自己的論點不合理是「詭辯」，說話者並未察覺到自己的錯誤則是「謬誤」。**

無論是謬誤還是詭辯，關鍵都在於我們能否「察覺」到它們的存在。理解它們的運作機制後，我們便能更有效地整理資訊，避開陷阱。

■ 5種常見的論辯手法

謬誤和詭辯有許多不同的表現手法，下列將介紹五種常見的類型。掌握這些話術的邏輯，有助於你在日常對話中快速察覺到謬誤和詭辯的存在。

當然，你不需要記住所有謬誤的種類，只要能夠大致掌握概念，在遇到類似狀況時，可以適時反應、提出懷疑「……是真的嗎？」，這樣就很有幫助了。

如前文中所述，詭辯相對容易識破，因為說話者通常知道自己在誤導對方；而謬誤則是比較難察覺，因為說話者本身並未察覺自己的錯誤。因此，我們應該多角度思考，反覆思索「這是真的嗎？」來檢驗資訊的真實性。

• 太早下結論／「採櫻桃謬誤」（Cherry Picking）

這種手法指的是刻意挑選有利於自己論述的案例，忽略與自身立場相反的事例，藉以強化自己的主張。

例如，前文提過的「大家都這麼說呀」，

或是「大家都這麼做呀」這類說法就很值得警覺，也是「採櫻桃謬誤」的典型案例。

「採櫻桃謬誤」有兩種常見的表達方式，一種是只挑選少數對自己有利的事例，來支持自己的論點；另一種則是蒐集大量有利於自己的案例，強調「佐證資料眾多」來誤導別人。

• 錯誤的二分法

簡單來說，就是「非A即B」二元對立的分法。

具體而言，「兩極化思考」就是類似，如果公司裡有人提出：「希望我們公司能夠針對某項制度做出改善」，但公司方卻回應：「如果不喜歡這間公司，直接離職就好啦。」

「兩極化思考」扭曲了「希望改善現狀，讓公司變得更好」的意見，直接把「意見」跟「討厭公司」畫上等號，也就是錯誤的二分法。

• 轉移焦點（「你不也一樣？」論法）

聽起來是不是很耳熟？這是一種透過指責來轉移焦點的詭辯手法，在日常生活中極為常見。

例如，在排隊等候結帳時，有人插隊。你提醒對方不應該這樣做，結果對方卻回：「那傢伙不也插隊了嗎？」

這種回應並沒有解釋自己的行為是否正當，而是將話題轉向他人，試圖模糊焦點。

這種轉移焦點的手法，在網路新聞的留言討論區也很常見。例如：「你難道沒有犯過錯？你有什麼資格批評別人？」

- **稻草人論證（Strawman Argument）**

「稻草人論證」是一種故意扭曲對方論點，然後加以攻擊對方的手法。

例如，有人提議：「學生應該有選擇制服的權利，可以自由選擇要穿裙子還是褲子。」結果，反對者反駁道：「取消制服，讓學生穿著便服，會導致學校秩序大亂！」

事實上，提案者並沒有說要取消制服，只是希望學生能有更多選擇的權利而已。但是，反對者卻把對方的論述替換成「取消制服」，刻意扭曲焦點。

這類「稻草人論證」的手法，是透過扭曲

對方的論述來加以反駁。如果對方話術高超，一副頭頭是道的樣子，遭到反駁的那一方，往往不容易察覺到自己被別人牽著鼻子走。

- **主流思想謬誤（Bandwagon Fallacy）**

「主流思想謬誤」是一種透過「這是大眾普遍接受的觀點」來使人信服的謬誤論證法。

最常見的就是，例如：「日本跟其他國家不一樣，國外都是怎樣怎樣……」這種論述，但問題是論述中的主詞非常抽象模糊，「國外」指的到底是哪裡呢？

包含日本，全球約有近兩百個國家，所以「國外」的範圍實在有點廣。遇到這類論述時，請記得要問問對方：「請問具體來說，『國外』指的是哪些國家？」說不定對方所說的「國外」，指的只是其中一、兩個國家而已，根本不具普遍性。

請切記，所謂的普遍認知或是很多人都相信的事情未必就是正確的，請不要輕易相信。

除了前述這些範例之外，還有各式各樣的詭辯手法。如果你對這個主題感興趣的話，歡迎自行搜尋研究一下。

詭辯無處不在，瀏覽網路新聞的留言區或社群媒體上引發爭議的貼文，你就會發現裡頭藏了很多前文中所說明的論辯手法。

如果不瞭解這些論辯手法，可能會覺得很多留言似乎頭頭是道、說得很有道理。但是，當你掌握了這些技巧之後，再回頭去看，就會發現：「這是稻草人論證」、「這根本在轉移焦點」，邏輯結構破洞百出。

不過，**有一點需要請你特別留意，那就是在發現對方的邏輯謬誤後，請不要直接指出來。**當你發現對方論述的漏洞時，可能會忍不住想要指正對方：「你現在是不是在轉移焦點？」但是，**這樣做很容易讓對方產生防備心，甚至會激怒對方。**

由於擔任顧問，我的工作是幫助對方發現思考上的盲點，因此會刻意指出這些錯誤。但是，在指出錯誤之前，我會先徵求對方的同意，並且小心謹慎，確保不會讓對方感覺自己遭受攻擊。

如第1章「批判與責難的差異」中所提到的，我們培養批判性思考與懷疑精神的目的，是為了拓展多元的視野、提升討論的品質、促進個人成長，而不是為了打擊別人。

如果只是單純想要激怒對方，詞嚴義正地指出對方的錯誤就非常有效。但是，這個方法完全無助於溝通，甚至還會破壞人際關係，這部分我們將在第6章進一步討論。

■ 運用圖像思維來拆解謬誤與詭辯

當我在聆聽別人說話時，腦海中也會畫出一張概念圖，整理談話的整體輪廓。這個技巧不僅能夠幫助我理解談話內容，也能用來檢視對方的論述是否存在謬誤或詭辯。

如果可以的話，最好準備筆記工具，一邊聽一邊將對方的論點記錄下來。我自己就經常這樣做。

把聽到的內容寫下來，你便能察覺剛才的對話中，「這件事情跟那件事情有關聯嗎？」，或是「剛剛的話題，是不是偏離主題了？」等等。

我自己經常在對話時，直接當場跟對方確認：「剛才講的東西，是不是有點離題了？」「這跟前面討論的內容，有直接關係嗎？」

雖然這樣的行為可能會讓人覺得有點惹人厭，但是長期下來，養成這個習慣能夠大幅提升整理資訊的能力。

吉卜力影片製作人石井朋彥，曾在吉卜力工作室的元老人物鈴木敏夫底下拜師學藝。據說，石井先生在參加會議時，總是具體詳實地把所有人的發言都記錄起來。

持續整理會議紀錄的習慣，讓他比任何人都能清楚掌握會議的全貌，以及接下來應前進的方向。

將資訊寫下來，可以幫助我們從更全面的角度檢視內容，進而有效整理資訊、找到資訊間彼此的關聯。

再加上學會辨識謬誤和詭辯的技巧，能夠讓我們快速察覺對方邏輯的漏洞，發現「嗯？

他的論述邏輯好像有破綻」，避免被錯誤資訊誤導。

網路上真真假假，許多資訊被斷章取義、重新剪輯，完全偏離原意，讓人誤以為重組出來的東西就是事實。

不輕信謠言，正確提出懷疑。避免盲目接受資訊，適時懷疑論述的前提條件，就能夠幫助我們避免遭到資訊操弄和誤導。

把心中的想法全部寫在紙上，是整理情緒非常有效的方法。大部分的時候，冷靜思考再採取行動，一點也不遲。

第5章

認識自己的思考偏好，培養客觀的判斷能力

人們無意識中擁有的7種思考模式

我們都無法做到完全客觀，每個人因為個性和成長環境不同，思考模式也截然不同。

受到上司嚴厲指責時，有些人會覺得：「他是不是在刻意刁難我？」有些人則會反抗：「又不是我的錯！」另一些人可能會視為成長的機會。

同一件事情，每個人的解讀方式和情緒反應可能完全不同。

我們無意識中擁有的思考模式，大致可以分為七種。在本書，我把這七種思考模式，比喻為七隻性格迥異的狗。

養狗的時候，我們會透過訓練來幫助牠社會化。養過狗的人應該都知道，不同品種的狗，個性截然不同。每隻狗狗也都有自己的性格，必須配合那隻狗狗的個性調整訓練內容。

當我們能夠理解自己的內心正在飼養哪一

人們內心飼養的七隻狗

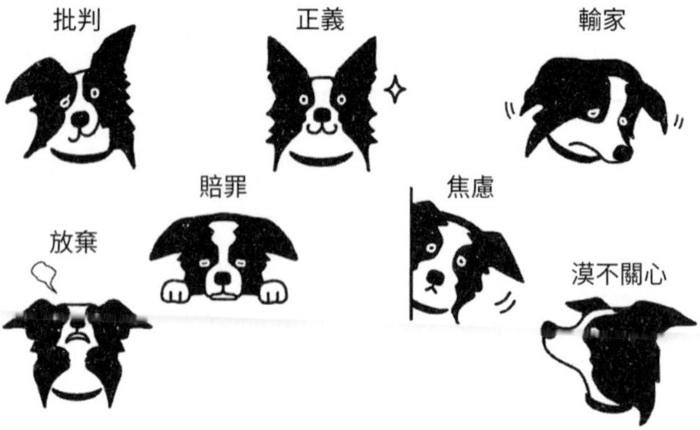

種類型的狗時，就能夠找到適合的訓練方式。**只要我們能夠有效訓練、適時調整自己的思考模式，和他人相處時感受到的壓力便會減少。**

接下來，我們就來看看這七隻狗有哪些特質。

■ 批判犬：「所有事物通通都有問題」

這個類型的思考模式，對周遭事物抱持著強烈的批判傾向，擁有最強的懷疑批判思維。「批判犬」習慣從多元的角度審視事物，但有時會讓人覺得麻煩又難纏。

我先生主要就是這個類型的人。前幾天，他一邊翻閱著雜誌，一邊評論道：「這個字體大小了，對老人家來說可能不好閱讀。」「這篇文章的資訊也太多了，讀到最後應該會很吃力。」批評一個接著一個，連續不斷。

無論是好是壞，「批判犬」都會對所有事物提出懷疑，再正確也不過的事實，「批判犬」也不會放過。疑心病重、猜忌心強的人，心中大多同時飼養著「批判犬」以及後面要介紹的「焦慮犬」。

「批判犬」的優勢就在於非常擅長「懷疑思考」，習慣從多元的角度審視問題，因此總是能夠發現一般人容易忽略的邏輯漏洞或是錯誤等等問題。

■ 正義犬：「我一定是對的」

這個類型的思考模式容易受到常識、規則與倫理道德的束縛，例如：「新人應該這樣這樣」、「企業領導者應該那樣那樣」，「正義犬」的思維往往與「應該」緊緊相扣。

這種類型的人習慣以非黑即白的標準來判斷事物，對於「這才是對的」信念往往比別人要來得強烈，因此大多數都相對固執，難以接受不同於自己的觀點。此外，他們通常看起來都充滿自信。

當內心的「正義犬」過於強大，可以藉由引入「批判犬」來達到平衡。正如本書多次提到的，「……是真的嗎？」的自我提問，就是非常有效的策略。

養成從多元角度思考的習慣，有助於突破原有的思考框架，例如：從另一個角度來思考，或是從更長的時間軸觀點來看等等。

■ 輸家犬：「我一定做不到」

這個類型的思考模式習慣跟他人比較，並且因此否定自己。最糟糕的是，他們往往會拿自己與那些更優秀許多的人相比，導致更加無法肯定自我，無法發現自己的優點。

比方說，當別人誇獎：「你溜冰溜得挺不

錯的耶！」如果你正處於這種類型的思考模式，很有可能就會說：「哪有！跟淺田真央*比起來，我還差得遠呢」來否定自己。

「我還差得遠呢」這句話表面上看似謙虛，但謙虛過頭就會變成否定自己，可能因此變得消極畏縮，不斷地對自己說「我做不到」來否定自己。

這種想法會讓人不敢挑戰新事物，無法突破自我的限制。甚至，在團隊合作時，不僅對自己感到消極，那股負面的情緒還可能會影響到整個團隊，讓大家陷入「我們做不到」的消極氛圍，進而削弱團隊的士氣和動力。

然而，「輸家犬」類型的人，個性多半很努力、認真。正因為他們覺得自己不夠好，所以總是想辦法讓自己變得更好。

心中飼養著一頭強大「輸家犬」的人，可以藉由改變比較的對象來改變思考模式。例

* 日本著名花式滑冰選手，是亞洲第一位三次奪得世界花式滑冰錦標賽金牌，並贏得三次「世界冠軍」頭銜的女子單人滑選手。

如，不要拿自己跟世界級的高手相比，而是試著與「過去的自己」相比。回頭看看三年前的自己，或是昨天的自己，問問自己：「我真的一無是處嗎？」「有沒有哪裡稍微進步了一點點？」找找自己做得不錯的地方。

■ 賠罪犬：「太陽從東邊升起，也都是我的錯」

這個類型的思考模式習慣把所有事情都歸咎於自己，無論發生什麼事，都先說「對不起」，彷彿自己必須負起所有的責任。

無論是工作還是個人生活，人與人之間的衝突，很少會百分之百都是某一方的錯誤。但是，心中飼養著「賠罪犬」的人，幾乎總是認為「一切都是我的錯」。

最近有一則報導提到，由於過勞導致憂鬱症、精神疾病和自殺案例增加。社會經常把「忍耐」視為一種美德，但如果忍耐過頭，很可能會讓自己身心失去平衡。

自責類型的人在遇到衝突或麻煩時，往往

把責任怪罪在自己身上後就結束了，容易沒有好好解決問題。因此，這種類型的人必須想辦法避免讓自己的思考陷入「一切都是我的錯」的僵局。

內心飼養著巨型「賠罪犬」的人，很容易直覺就會認為「一定都是我的錯」。**這個時候，可以試著先停下來，問問自己：「真的是我的錯嗎？」**

很多時候，其實只要改善過程，就能夠減少錯誤和問題的發生。把焦點放在過程上來檢視問題，便能夠更有效率地找到問題的核心所在。

■ 焦慮犬：「明天如果突然颳風下雨，電車可能會全部停駛」

擁有「焦慮犬」特質的人，經常擔心過度，對未來總是保持著悲觀的傾向。即便與合作夥伴有好幾十年的穩定關係，他們仍會擔心「下一次，他們會不會就不再跟我們續約了？」。

然而，**「焦慮犬」的優勢就在於，擁有高**

度的沙盤推演、預先布局的規劃力。由於他們習慣設想最壞的情況，因此總是能夠超前部署，預測未來、規劃應對策略。

相較之下，高度樂觀的人可能覺得：「明天簡報總會有辦法的」、「客戶每次都會續約，下次應該也會跟我們續約才對」，導致正式上場時卻準備得不夠充分等等。

而「焦慮犬」則會認為：「如果明天簡報失敗了，該怎麼辦？」「如果客戶這次不續約的話，該怎麼辦？」這些擔憂，會促使他們做好萬全的準備。

■ 放棄犬：「絕對不會成功」

這個類型的人習慣用毀滅性思維來看待事物，即便想到了新的企劃，也會立刻否定自己：「反正一定不會成功」、「主管絕對不會批准」，還沒開始挑戰之前就先放棄了。當「放棄犬」的思考模式過度強烈時，很容易強化自我否定。

研究顯示，人類大腦每天大約會產生8萬

次的念頭和想法。當我們向大腦提出問題時，它便會開始不斷尋找答案。這就是為什麼我們有時在當下想不起來、想不出答案時，過了一陣子後會突然想到的原因所在，想必大家都有過類似的經驗。

假如你每天產生8萬次的念頭，大多都在問自己：「為什麼我這麼沒用？」大腦就會不斷地搜尋這個問題的答案，光是想到就讓人感到沮喪。

既然我們的大腦具備自動尋找答案這麼優異的功能，與其負面地對自己說：「我怎麼做都沒用！」，不如換個角度思考：「我該怎麼做，才能成功？」，這就是改善負面思考的訣竅。

■ 漠不關心犬：「這跟我無關，不要問我！」

這個類型的人，即使跟自己息息相關，也會當作那是別人的事，選擇在一旁觀看。凡事都覺得「很麻煩」，常常乾脆視而不見。這種狀態就像是明知道自己乘坐的船即將沉沒，卻一點兒也沒有逃跑的意願，只是靜靜地在一旁看著。

然而，沒有人天生內心就養著「漠不關心犬」。當小孩長大、開始學會自己換衣服時，一開始可能會因為扣子扣不好或是跌倒而發脾氣，但是他們不會說：「反正不會穿衣服也沒關係。」也就是說，「漠不關心犬」通常不是一開始就住在我們心裡的，而是因為某個原因或事件才開始飼養這隻「漠不關心犬」。

「漠不關心犬」，其實是一種名叫「習得性無助」（Learned Helplessness）的自我保護機制。

梭子魚是一種肉食性魚類，把梭子魚放進水族箱，然後用透明的壓克力板將水族箱隔成兩個部分，在另一個部分放入小魚。把小魚放進水族箱後，梭子魚會本能性地衝向小魚，想把牠們吃掉，但因為有壓克力板擋在中間，牠們游不到小魚的那一側。

時間久了之後，梭子魚便放棄嘗試。即使移除了擋在中間的壓克力板，牠們也不再去追捕小魚了。我把這個現象稱為「梭子魚理論」，這正是「習得性無助」的典型例子。

其實，有個方法可以改變這個狀態，那就是在水族箱中放入一條沒有經歷過這種挫折的新梭子魚。新魚不知道之前水族箱裡有壓克力板，便會毫不猶豫地捕食小魚。已經放棄的梭子魚在看到這一幕後，便會意識到水族箱中現在沒有壓克力板了，於是恢復正常的行為模式，開始捕食小魚。

同樣的方法，也可以運用在人的身上。**心中飼養著一頭巨大「漠不關心犬」的人，可以試著跟那些對事物充滿關心與好奇的人相處，想必心中那頭「漠不關心犬」一定也會發生變化。**

瞭解自己和對方的思考模式，有助於掌控情緒

你可以藉由觀察他人的言行舉止，判斷出對方的內心正在「餵養」著哪一隻狗。

總是習慣將事情一分為二、喜歡針對他人的行為判斷對錯的人，內心通常餵養著一隻「正義犬」。這種類型的人常常對旁人指指點點，動不動就說：「你這樣不對吧？！」當他們覺得自己的判斷正確的時候，「正義犬」就會開始汪汪汪大聲吠叫。

如果你的上司經常繃緊神經、時不時雞蛋裡挑骨頭，那麼他的心裡可能養了一隻「批判犬」。

講話越講越大聲、情緒激動的人，內心通常養著「批判犬」或「正義犬」。他們大聲說話時，往往失去了理性，並非在講道理，單純只是在發洩情緒，大部分的時候都不需要認真回應。

但如果你不瞭解這七種思考模式，可能會因此懷疑「是不是自己哪裡做錯了？」，而責備自己；或是受到上司態度的影響，讓自己感到焦慮、產生壓力。

從客觀的角度來觀察事物，能夠幫助自己掌控情緒。

當路邊的狗對你大聲吠叫時，你會因此覺得「是不是我做錯了什麼？」而感到沮喪，極度恐懼，或是想和牠互吠嗎？我想一般應該都不會吧。大部分的人只會覺得「好可怕！」，然後選擇避開才對。

同樣的道理，當你知道如何應對這種情況時，壓力就會減少很多。如果你因為上司的言行而感到極大的心理壓力，請務必不要把對方的話當真，試著把對方當成是「一隻正在吠叫的狗」。

「啊，這個人心中養了一隻『批判犬』，而且還是大型犬呢。」

當你能夠這麼想，就表示你已經懂得把對方當作是一隻突然在街上對你大聲吠叫的狗，知道如何從容應對了。

理解自己與對方內心飼養了「哪些狗」，有助於提升我們懷疑思考的能力。

假設你心中養了一隻「賠罪犬」，而你的上司心中養了一隻「正義犬」，當你的上司向你表達意見時，你可能會習慣性地回應：「對不起。」於是，你們的關係便容易陷入「指責」與「謝罪」的模式。

但是，假如你能夠意識到「上司養著『正義犬』，而我的心中有隻『賠罪犬』」，就能夠在無意識道歉之前，停下來思考一下：「等等，我每次都在道歉。但是，我真的有錯嗎？」，甚至能夠進一步懷疑：「課長說的話，真的正確嗎？」

順帶一提，大部分的人心中通常同時養著多隻狗，沒有人只養著一隻「賠罪犬」或「焦慮犬」。

不只是飼養的數量，狗也有大小的差異。例如，有些人內心的「賠罪犬」很大隻，但是「放棄犬」很小隻；也有人「焦慮犬」和「放棄犬」都是大型犬，而「批判犬」則是小型犬。

更有趣的是，有時會有「跟這個人說話，絕對會出現『批判犬』」的情況。

以我自己為例，我過去長期飼養著「批判犬」和「正義犬」。這兩隻狗的組合，往往會讓我陷入「我一定是對的！別人絕對是錯的！」這種二元對立的思維。

然而，當我開始學會批判性思考後，我的內心多養了一隻「賠罪犬」。以前，我的視角只有「我一定是對的！」，但是當我學會懷疑思考後，我便開始問自己：「那是真的嗎？」我逐漸學會從不同的角度來觀看事物，也理解到「我當然也有搞錯的時候」。

■ 如何察覺自己的偏見，並且調整思考模式？

這些飼養在我們內心的狗，並不是隨時都在吠叫，會根據不同的情況和對象而有所變化。有些人的「正義犬」，只有在工作時才會出現；有些人遇到某些人就很容易誘發特定的思考模式，例如：「只要那個主管一出現，我內心的『賠罪犬』總會出現」等等。

那麼，**當特定的思考模式出現時，我們該如何應對呢？**

首先，要能夠覺察到它的存在。

例如，內心養著「焦慮犬」的人，很容易出現這樣的念頭：「如果下個月的簡報失敗了，該怎麼辦？」

如果放任這個念頭不管，焦慮感可能就會開始影響到睡眠品質與專注力，甚至也會影響到工作表現和人際關係。因此，關鍵就在於能夠察覺自己的現況——「啊，我又在鑽牛角尖，反覆想著同一件事情了。」

出現某種特定的思考模式時，強迫自己「不要去想」，反而會帶來反效果。因為人類對於被禁止的事物，往往更容易產生興趣。就像「絕對不可以進去的房間」或是「不能搜尋的關鍵字」，限制越多，反而越讓人充滿好奇心，不是嗎？

同樣的道理，越是強迫自己「不要去

想」，越會更加在意、充滿好奇。如果你發現自己開始陷入無止境的思考迴圈，不如乾脆讓自己想得痛快，這才是解決的對策。

不過，單純只是允許自己去思考，那些念頭很可能依舊在心中縈繞盤旋，沒有解方。因此，**你可以設下一個明確的期限，例如：「再想10分鐘，時間到了就先停止」等等，有條件地讓大腦放下問題。**

此外，**請學會接納自己，「這本來就是我的特質」，這也是一種有效的方法。**

讓思考更客觀的方法

我們的思考往往受到偏見影響，很難從既定觀點中跳脫出來。但是放任不管，恐怕永遠學不會懷疑思考。為了提升思考的客觀性，我們必須盡可能增加觀看事物的視角、拓展視野。

我們來做個小測驗。

請問你覺得自己大概是幾歲？

有個概念叫做「主觀年齡」，指的是「個人主觀認定的年齡」，而非實際年齡。有調查研究顯示，大多數的人都認為自己比實際年齡來得年輕。

例如，四十歲的人可能會覺得「自己內心還是三十歲出頭」、「我的外表看起來大概三十多歲吧！」，而七十歲的人則可能認為自己大概才六十多歲。

如前文中所述，我們的主觀認知與客觀事

實往往存在著差距。因此，當我們認為「自己工作能力很差」或是「工作速度太慢」時，那很可能只是成見，而非事實。

那麼，我們要如何獲得客觀的資訊呢？

這裡的關鍵依舊是：「從多元的角度觀察與判斷。」

就像是要把圓木雕刻成球體時，需要從不同的方向削切。隨時掌握整體的樣貌，靈活地分開運用微觀與宏觀的視角，才有辦法雕刻出漂亮的球形。

獲取客觀資訊的過程也是如此。**為了取得客觀的資訊，最重要的前提條件就是「明確知道自己的立場與定位」**。

年齡這類資訊很簡單，只要掌握客觀的實際年齡即可，但是像「富裕層或中產階級」或是「有教養或沒教養」，這類概念的定義本來就相當模糊不清，而且標準因人而異。然而，透過學習歷程、職涯經歷、年齡和價值觀等多重角度來評估，仍能幫助我們大致判斷自己所處的位置。

一旦看清楚自己所處的位置，便容易看見「與自己不同群體的人在哪裡」。

刻意與自己不同背景的人交流，試著增加不一樣的視角，就能夠進一步精進我們懷疑思考的能力。不要總是跟自家公司的人來往，去參加可以跟外面公司的人交流的活動，也是拓展視角的好方法。

在同一個群體裡面待太久，視野容易變得狹隘僵化。

在社群媒體上寫文章，鍛鍊懷疑思考的能力

當你逐漸學會運用懷疑思考後，你會越來越頻繁地在日常生活中浮現疑問：「那是真的嗎？」

驗證資訊真偽最好的方法，就是取得「第一手資料」。但現實問題是：我們沒有足夠的時間，針對所有的疑問一一取得第一手資料，而且很多時候，也未必能夠取得第一手資料。

有個方法非常有效，能夠強迫我們自主提升懷疑思考的能力，那就是「在網路上公開發表自己的想法」。

透過社群媒體發表文章，在網路上發表自己的意見和想法，其實無形中能夠提高懷疑思考的能力。

不過，不僅限於社群媒體，在公開平台發表意見必然伴隨著風險。有時，訊息可能會傳

遞到完全預想不到的人眼前，想法遭到曲解或斷章取義，並且擴散了出去。在封閉的社群裡發表意見，如果裡面都是跟自己關係親近、對自己抱持肯定態度的人，或許一點也不成問題。然而，在公開平台發言時，應該盡可能小心謹慎，避免引發誤解或爭議。

因此，在發表意見之前，必須盡可能從不同的角度進行調查與思考。

比方說，假設你主張：「應該廢除公司制服。」由於「應該廢除上班穿制服的規定」是單一觀點，可以預見會有其他人提出反對意見，例如：「不應該廢除制服」。但是除此之外，還可能會出現哪些意見呢？

可能有人會說：「與其廢除制服，不如改為選擇制。」「每天換不同服裝上班，會增加開銷。」「難道你一點同理心也沒有嗎？」換句話說，「應該廢除制服」的主張，有可能引發其他人的不滿或反感。

如果是較具爭議性的議題，更是如此。因此，**在公開發表意見之前，請試著問問自己：**

「持不同意見的人看到這則貼文，會怎麼想呢？」

現在有不少人都是同時經營著多個社群平台，你是不是也覺得「不同的社群媒體，有著不同的使用族群」呢？

當你掌握不同社群媒體所屬的特質和價值觀時，即使貼文的內容相同，也會有不同的應對策略。例如：「這篇文章要發在Facebook上，必須把這點考慮進去」，或是「這則貼文要發布在LinkedIn上，可能不大需要特別強調這個觀點。」理解這些差異後，便能進一步調查和補充資訊，讓公開發表的內容更加完整。

強化資訊說服力的過程，有助於培養客觀思考的能力。當我們學會客觀思考時，便不會被個人的主觀意見所限制，能夠冷靜地分析事物，依據不同情況做出適當的判斷。

能夠客觀評估事物的人，往往能夠獲得較高的評價。如果有人總是抱持著極端偏頗或過度主觀的角度來評判事物，例如：「女性不應該工作」，或是「男人再辛苦也不應該抱怨」等等，周圍很多人應該會自然選擇保持距離，甚至認為「還是別和這個人來往比較好！」。

隨著發表的媒體平台和發文數量不斷增加，你會逐漸培養出查找、篩選與整理資訊的能力。此外，在社群媒體上發文，也不失為一種整理思緒的好方法。我自己會根據不同的社群平台，調整發文的主題與內容。

順帶一提，**想要產出優質的內容，就必須先吸收高品質的資訊，而判斷資訊品質的高低、是否可靠，正是「懷疑思考」派上用場的時候。**

■ 如果在社群媒體上引發爭議

在社群媒體上的發文引發爭議，甚至遭到不認識的人匿名攻擊與誹謗，這種現象不只發生在日本，在世界各地已是常態。

面對網路上的爭議事件，若是看到惡意中傷或毀謗名譽的留言，很容易產生「自己遭到大眾唾棄、責備否定」的錯覺。然而，實際上，根據研究數據顯示，真正發表攻擊性言論、惡意負面評論的使用者僅占極少數。

根據日本總務省所發表的《令和元年版　資訊傳播白皮書》研究結果顯示：「分析政治與社會新聞的留言發現，約1％的發文者製造了20％的激進言論，而其餘99％的發文者所占的80％留言當中，幾乎看不見過度偏頗的言論。」

其實，我過去也曾有過類似的經驗。有人開了一個版面專門討論我和我的家人，我點進去一看，裡面滿是目不忍睹的攻擊和誹謗。

乍看之下，似乎有幾十人、甚至上百人發表攻擊性言論。然而，當我冷靜下來分析之後，我發現這些惡意中傷的評論，其實只來自四個人而已。

當某件事情「引發爭議」，網路上攻擊性的留言評論便會快速增加，讓人產生「有很多人在批評討論」的錯覺。但如果學會懷疑思考，便懂得從不一樣的角度去觀察這個現象：「這些惡意中傷的言論看起來非常多，但實際上這些留言是出自多少人之手？」「在這些評論中，真正值得關注的又有多少？」

學會懷疑思考，能夠幫助我們即使在遭受

攻擊時，也不會輕易受到影響，而是保持冷靜，客觀地觀察整體情勢。當我們能夠客觀地觀察事物，便可以從不同的角度進行分析。

• 炎上商法／炎上行銷

有個行銷手法叫「炎上商法」，也就是「炎上行銷」，指的是刻意發表爭議性的貼文，引發網友的討論與批評，藉此吸引大眾目光和點擊率。例如，某些知名的YouTuber，都是透過在網路上引發爭議，而知名度大增。

有些YouTuber會故意引發爭議以吸引大眾的注意力，而某些八卦網站則是透過「讓別人陷入爭議」來賺取流量，藉由網頁廣告以獲取收益。

「這些人花費這麼大的功夫製作網站，還寫了一堆毀謗他人的留言，他們可以從中獲得什麼好處？」如果看到這類惡意中傷的網站、影片、留言或資訊時，能夠冷靜下來思考，就可以發現「他們的攻擊，並非單純惡意中傷，還有其他真正的目的。」

如果能夠建立這樣的假說，便能夠產生另一種觀點：「是不是還有其他類似的網站或媒體，專門透過誹謗他人來獲取利益呢？」

事實上，這種試圖瞭解事物背景事實和本質的視角非常重要，能夠有效幫助我們識破「聲東擊西的障眼法」，進一步保護自己。

從不同的角度觀看事物的重要性

學會切換不同視角，可以讓我們從更全面、更多元的角度來觀看事物。在這個迅速變化、未來難以預測的時代，如何提升視野和觀點廣度尤其是一大課題。

請想像你正在搭乘一部大樓電梯，打算前往40樓的頂樓。當你抵達40樓後，往外眺望所見的景色，跟你站在1樓時的視野應該截然不同吧。

從40樓望出去，你甚至可以遠眺到鄰近縣市的景色，雲層光影籠罩在城市街道上，使得那一帶顯得昏暗，甚至能夠看到烏雲正在某個區域降下大雨。不僅如此，你還能夠預測：「那個區域上頭還有烏雲，但應該很快就會放晴了。」「烏雲正在逐漸靠近，這裡等等可能也會下大雨。」

視野拓展了之後，看出去的景色變得更加

廣闊了，自然也能夠預測未來。

如果總是只低頭看著眼前的東西，是無法鍛鍊懷疑思考的。

再請你想像一下，假如你才剛進公司三個月，卻被指派在好幾百位同事面前做簡報介紹新產品，你有什麼感想呢？

要在這麼多人的面前做簡報這項任務太大了，你的大腦恐怕滿滿都是「要怎麼準備這場簡報？」，根本沒有餘裕去思考簡報之後的事情。你可能會想：「之後的事情，等簡報這項任務完成之後再說吧。」

但如果視野夠廣，你會看到什麼呢？比方說，負責帶你的前輩，會看到什麼樣的景象呢？

「先把簡報這項任務完成，後面的事情之後再想。」前輩想的跟你的會是一樣的嗎？

兩者看到的景象一定不會是一樣的，對吧？對於身為指導角色的前輩來說，這場簡報很明顯只是新人教育訓練其中一個中繼站。想必前輩應該會一邊看著這場簡報，一邊思考：

「如果新人簡報表現良好，接下來可以怎麼安排進階的訓練課程？」「如果表現得不大好，應該針對哪些部分再加強呢？」類似這樣，稍微預測不久之後的未來，然後安排和採取行動。

擴展視野，能夠幫助我們從更高的層次掌握事情的全貌。

覺察你正在餵養哪一隻狗，可以幫助你調整心態和做法。你也可以藉由觀察他人的言行舉止，判斷對方的內心正在「餵養」著哪一隻狗。適時這麼做，可以改善人際互動，減少社交壓力。

學會懷疑思考，能夠幫助我們即使在遭受攻擊時，也不會輕易受到影響，而是保持冷靜，客觀地觀察整體情勢。

有種行銷手法叫「炎上商法」，會刻意發表爭議性的貼文，引發網友的討論與批評，藉此吸引大眾目光和點擊率。

第6章

「懷疑思考」
讓你的工作更有效率

看似無法解決的問題，更應該提出質疑

隨著工作技能的提升，公司對我們的要求越來越高，必須處理的問題也越來越複雜。

比方說，公司提出的任務可能是：帶領新商品的開發專案、處理問題員工，或是改善職場環境、降低離職率等等。

然而，每一項任務背後的因素錯綜複雜、彼此影響，並不存在著「只要這樣做，凡事都能迎刃而解」的萬靈丹。因此，在遭遇挫折或困難時，大部分的人的思考都會陷入停滯，因為不知道該從何做起。

當思緒混亂、思考陷入停滯時，內心很容易出現上一章介紹過的「我做不到！」的「放棄犬」，或是「這跟我無關」、「失敗了也不是我的責任」的「漠不關心犬」。

近年，許多公司都面臨高離職率的問題，

甚至有新進員工在進公司的第一年就表示「想辭職」。

離職率高，迫使企業必須不斷招募新人、補充人手，但是受到少子高齡化的影響，要找到合適且優秀的人才變得越來越困難。

造成高離職率的因素確實因公司而異，但是少子高齡化和勞動力減少等社會整體條件，也是讓問題變得更加棘手的原因。事實上，「這個問題是大環境使然，不是說改就能改的」，或是「離職率高，不是只有我們公司才有的問題」，有這類想法的公司不在少數。

不過，仍然有不少企業針對高離職率的現象提出懷疑：「離職率真的無法降下來嗎？」「難道沒有方法可以改善離職率嗎？」藉由深入調查高離職率的原因，成功降低離職率。

許多金融機構開始著手分析離職率高的原因，包括調查員工為何離職、離職後的去向等等。其中，第1章曾經介紹過的山梨中央銀行就是其中一例。

據山梨中央銀行的調查顯示，許多員工離職的主要原因是認為「跳到其他產業，能夠獲得新的知識和經驗。」此外，也有部分離職員工對於當初離職的決定感到後悔。

為了解決高離職率的問題，山梨中央銀行把只知道金融業生態的行員，送到與金融業完全無關的產業短期派駐，例如：畜牧業或葡萄果農等等地方。

對一直以來只從事銀行業務的員工來說，能夠接觸完全不同產業的工作非常新鮮，也為他們帶來轉換心情的機會。而且回到銀行之後，他們也能針對曾經接觸過的產業提供顧問服務。透過這樣的經驗，員工不僅累積了金融界以外產業的知識，也拓展了自身的技能價值、創造出更多的職涯選擇。

另一家公司則是舉辦了「離職員工交流會」，他們將「離職」改稱為「畢業」，讓仍然在職的員工與已經離職的員工進行交流。

一般來說，大家或許會認為「舉辦這種活動，會刺激仍然在職的員工，讓他們也產生離職的念頭吧？」然而，實際結果卻完全相反：員工在交流會上獲得了資訊，反而大大提升了他們的工作動力。

還有其他企業則是推出了「歡迎回鍋制度」。他們發現，部分員工在離職後感到很後悔，便向這些員工傳達「歡迎回來！」的訊息，並在內部建立良好的接納機制。

結果，許多離開公司的員工，帶著在外頭累積的經驗回鍋，不僅補足了人力，還為公司帶來了其他業界、業種的新知識與觀點。當然，離職率也因此降低了。

一般來說，企業對離職員工的態度往往是：「離職的傢伙是叛徒」、「離職的人就隨他去吧！」，但這些企業卻選擇懷疑這些既定觀念。

而且，他們在探究員工離職的原因時，發現「其實有些人離職後感到後悔」，因為看到了這一點，才得以建立這樣的假設：「如果我們設計一套能讓這些人順利回鍋的制度，是不是就能夠增加人手、降低離職率呢？」這些公司結合了分析結果與懷疑思考，找到突破困境的關鍵，成功達成降低離職率的目標。

順帶一提，問題越是複雜，涉及在其中的人越多，意見分歧的情況也會越嚴重，導致彼此難以達成共識。此時，最有效的方法就是「尋找共同的目標」。

「有人想要往前衝」、「有人想要維持現狀」、「有人想往反方向走」，如果大家的想法南轅北轍，即使開始採取行動，也會因為內部相互拉扯而跑不快，就像一部同時踩著油門和剎車的車子，寸步難移。

即使每個人的價值觀與主張截然不同，也可以藉由提出懷疑：「我們現在是朝著哪個方向前進？」運用邏輯思考整理資訊，找出彼此的共同目標；只要用心處理，再複雜麻煩的問題也能解決的。

危機時刻更需要懷疑思考

面對新冠疫情這類突發的緊急狀況時，「懷疑思考」能夠發揮極大的作用。現在，線上研討會、線上商談會，以及餐廳外賣外送服務等等都已經成為常態，但是回顧疫情爆發之前，能夠提供或採納這些服務的業者其實遠不如現在這麼普及。

在當時，日本人的普遍認知是「餐廳無法提供打包外帶的服務」。過去，只有商場和百貨公司的熟食區、超市、飯糰店、便當店和麵包店等等，這些本來就以外賣為主的店家有提供外帶服務。對一般餐廳來說，要提供打包外帶服務，就必須研擬食物中毒對策、準備外帶餐盒、重新審視作業流程等等，需要處理的問題多且繁雜。許多業者可能就因此選擇「放棄」提供打包外帶的服務，認為這樣比較有效率。

然而，有些人開始思考：「外帶服務真的做

不到嗎？」「該怎麼做，才能夠突破困境呢？」

有些店家選擇將商品冷凍後販售，在網路上開拓銷售通路；也有店家讓部分餐點轉為可以外賣。整體來說，餐飲業在疫情期間受到嚴重打擊，但率先推出外賣服務的業者都大幅提高了營業額。

越是身處困境時，「懷疑思考」就越能夠有效幫助我們突破限制。當我們勇敢突破現狀、選擇改變，反而能夠挖掘出過去從未發現的潛在需求。

我本身是企業講師和顧問，這份工作原本也是以面對面為主流。在疫情爆發前，基本上我也是以實體的研習營為主，經常在日本各地跑透透。疫情期間改為線上授課之後，我發現許多過去因為各種因素無法到場上課的人，都紛紛報名參加課程。

比方說，像是家裡面有小孩的學員，可能因為要接送小孩或考慮到需要臨時照顧生病的孩子，學習意願再高也無法參與課程。但是，有了線上課程之後，只要接上耳機，在接送孩子的途中也能在線上收聽；若是孩子生病在家時，也能夠一邊照顧孩子，一邊在旁邊線上上課，孩子若有任何狀況也能夠即時處理。

這樣的變化，大幅拓展了研習講師們的活動範圍。有人甚至在住院期間在病房裡開班授課，也有人在懷孕期間或產後不久就進行線上教學。

「疫情使人無法面對面實體授課，研習講師這一行已經做不下去了！」如果對這樣的說法一點疑問也沒有，便無法開拓出新的市場。

現在，生成式AI的技術進步快速。大家都說，任何人都會的簡單工作將會被AI取代，如果具備「懷疑思考」的能力，不僅不會失業，反而能夠開創出全新的市場機會。

重點在於，就算當下找不到正確答案，也要嘗試看看，因為有試就有機會。懷疑思考的能力越好，就越能從多角度思考；請勇於嘗試，在困境中開創出新的可能性。

■ 活用懷疑思考，讓垃圾變黃金

學會懷疑思考，你也能夠把滯銷商品變成熱銷商品；換句話說，懷疑思考有機會讓不可能化為可能。

新冠疫情對許多產業造成非常大的衝擊，尤其是飯店業、餐飲業以及服飾業。服飾業因為實體店面的來客數銳減，導致業績大幅下滑，我身邊也有許多親朋好友都在這些產業工作。

其中，我有位二十多歲的設計師朋友，從學生時期便開始從事服裝設計的工作，而新冠疫情為她帶來了嚴重的打擊。最讓她困擾的就是，在疫情期間無法外出，使得她無法採購布料。

她想要持續創作，但是缺乏原材料。她思考過後，決定利用家中不要的舊衣，拿來作為創作的布料。當時，日本政府緊急事態宣言才剛發布不久，疫情導致口罩短缺、價格飆漲，她靈機一動：「不如利用舊衣來製作口罩！」這個契機，促使她利用舊衣「升級再造」（upcycle），成功打造屬於自己的品牌。

過去，衣服對我來說，只有「全新」和「二手」這兩種分類。但是，在「全新」和「二手」之間，出現了第三種選擇——「升級再造」。

我那位朋友現在和另一位夥伴組成了名叫「DOKKA vivid」的雙人設計團隊，以「升級再造」設計師的身分活躍於服裝設計界。她曾代表亞洲前往紐約參加時裝秀，現在也擔任Coach旗下永續發展子品牌Coachtopia的品牌大使，以「Z世代意見領袖」之姿推動服裝設計界的發展。

「這個東西真的沒辦法再用了嗎？」

「那個東西真的是垃圾嗎？」

「難道不能再賦予新的價值？」

不斷地提出疑問、反覆思考，就能夠發現從未想過的全新觀點。

正因為她不斷懷疑、不斷思考，因此開創出另一個新天地。

大家聽過「今治毛巾」嗎？愛媛縣今治市為日本第一的毛巾產地，產自於此地的「今治毛巾」深受大眾喜愛。

然而，大量生產布料的過程中，會產生大量的棉絮灰塵。這些棉絮灰塵很容易引燃起火，甚至有工廠因此發生火災，這個問題長期困擾著生產者。

但如果換個角度思考，便可以發現不同的觀點：「易燃，不就代表『能夠輕鬆點火』？」有人想到了這個點子後，便將這些棉絮灰塵收集起來，製作成露營營火用的生火神器，推到市面上販售。

過去，棉絮灰塵只是毛巾製程中產生的垃圾；如今，卻以「今治的塵埃」（今治の埃）為名在市場上銷售。

有很多創意發想，都成功讓身邊的垃圾轉化為新商品。

培養提問力的三個步驟

我們在工作時很少是完全單打獨鬥的，大部分的時候都隸屬於某個部門、某支團隊或某項專案，必須與其他人攜手合作、共同推動業務。因此，擁有懷疑思考的能力，能夠幫助我們做出更好的決定、完成更多事。

舉例來說，在企劃新商品或審視工作流程時，「懷疑思考」就是一項非常好用的工具。它能夠幫助我們客觀分析現狀、找出問題點，然後在梳理資訊之後，進一步反思「那是真的嗎？」。透過這樣的過程，能夠讓我們更有效地解決問題。

試圖解決問題或嘗試新事物的時候，我們必須對資訊進行取捨。然而，在過濾資訊時，難免會產生偏誤，傾向挑選自己感興趣的資訊，或是高估對自己有利的資訊。

這種行為深受無意識偏見和個人思考模式

的影響，而這些無意識偏見和認知偏誤是無法完全消除的。因此，我們必須對取得的資訊以及內心的自我判斷，不斷地提出質疑。適時運用懷疑思考，發現觀看事物的不同角度，就能夠幫助自己在更全面、更多元的視角下進行評估判斷。

在職場上遇到問題時，不能只是在自己的心裡懷疑一番就結束了，重點在於要如何讓「懷疑思考」在人際溝通互動過程中發揮最大的效用。

想當然耳，「提問」是最適合運用懷疑思考的場合。提問的品質，會影響工作的品質。不同程度的提問，會帶來不一樣的成果。

想要提出有深度的問題，關鍵就在於盡可能降低自身的認知偏誤與成見。

舉例來說，假如受到「權威偏誤」的嚴重影響，我們可能會誤以為：「上司說的話一定是對的」，因此無法適當地對上司或高層提出質疑，或是無法準確地提出問題。

此外，如果出現「正常化偏誤」，你可能會覺得：「我應該不會有問題吧」，而失去應有的警戒心，使得提問的品質降低。

想要盡可能消除這些偏誤或成見，並不是一件容易的事，況且認知偏誤也不可能完全消除。由於每個人都帶有不同的思考偏好，我們心中都飼養著「批判犬」、「賠罪犬」、「輸家犬」或是「漠不關心犬」等等，沒有一種「這樣做就對了！」的萬靈丹。**瞭解自己容易受到哪些思考偏誤的影響，才有辦法問出好問題。**

透過下列三個步驟，可以循序漸進提升我們的提問力。

步驟1：表達

步驟2：確認

步驟3：提問

■ 步驟1：表達

對方正在說話時，我們可以用點頭來表示自己正在聆聽。這個動作雖然看似簡單，但是想在適當的時機點頭，就得先仔細聆聽對方說的話。「仔細聆聽」，就是要瞭解對方在講什麼、想要傳達什麼訊息。

除了點頭之外，表情和態度也是「我正在聽你說話」的一種展現，這些都屬於培養提問力的第一個步驟。不過，要是你真的覺得「對方講的內容好像哪裡不對勁？」，或是「我不大能夠認同他的看法」，可以不用勉強自己點頭。**關鍵在於：專心聽對方說話。**

等對方講完話之後，請先試著「表達」自己的想法與感受。例如：「我覺得……」、「這讓我想到……」，給予對方反饋，這有助於建立良好的溝通氛圍。

不少人其實都會在這一步卡關，因為他們內心充滿不安：「不知道該說什麼」、「沒辦法用言語表達自己的想法」等等。我在擔任培訓講師時，通常會請學員分享心得感想，某些人會以文章的形式回覆，但大部分的人的感想都非常簡短，類似「很棒」、「受益良多」。

當我們無法清楚表達心得感想時，往往代表我們沒有足夠的詞彙來描述內心的感受。簡單來說，就是表達能力不足。

隨著LINE和各種即時通訊軟體的普及，我們寫長文溝通的機會大幅減少，越來越習慣用簡短的詞彙來表達情緒，例如：「超讚」、「噁爛」等等，表達能力下降也是理所當然的。

為了幫助學員練習表達自己的感受，我會在課堂上提供幾種情緒詞彙，供學員從中挑選出自己對於課程的感受。

我會請學員選擇符合當下感受的情緒詞彙，然後回答下列三個問題。

- 為什麼會有這樣的感受？

增加表達情緒的詞彙

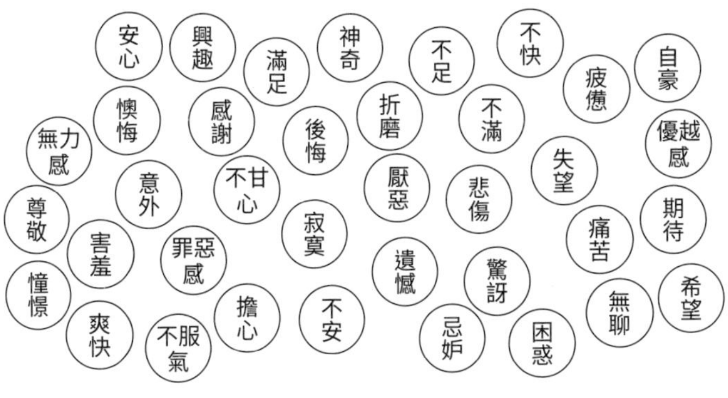

• 什麼時候會有這種感受？

• 在什麼樣的情況下，會產生這種情緒？

這個方法能夠幫助我們將「模糊不清的情緒」，明確且具體地表達出來。

此外，**想要提升表達能力，邏輯思考是一項非常有用的工具。**

邏輯思考是梳理資訊時很好用的思考法。在第2章，我們曾以「神戶的城市魅力特色」為例，說明如何整理資訊。當時，我們先把神戶的城市魅力特色全部羅列出來，接著找出那些特色的共同點進行分類並整理資訊。

表達想法感受時，也可以這麼做。當你覺得某件事情「很有趣」時，不妨進一步問問自己：「是什麼地方讓我覺得這件事情很有趣？」假如你找到了答案：「因為我可以分享自己最愛的事物。」那麼，你還可以繼續往下挖掘下去，追問：「為什麼分享自己喜歡的事物這麼有趣？」

不斷地提出問題、向下挖掘答案，能夠訓練我們用自己的話精準表達想法和感受，進而

提升表達能力。

■ 步驟2：確認

當我們能夠清楚表達自己的想法感受後，下一個步驟就是跟對方做「確認」。

我剛才在前文中提過，很少人能夠清楚表達自己的想法感受，更別說「確認」了。

這裡所謂的「確認」，指的是在聽完別人的話之後，針對「感到疑惑的地方」進行「確認」。例如：「你的意思是這樣嗎？」，或是「剛剛……我不大明白，可以請你再說明一次嗎？」。透過適時提問，能夠進一步確認自己的理解是否正確，並且補足資訊不充分的地方。

怠於確認的話，會讓事情在誤會或模糊不清的情況下持續進行，最後演變成大問題。我想，很多人應該都有過類似的經驗。

但其實，「確認」這件事情做起來並不容易。

「如果別人覺得我很無知怎麼辦？」

「如果對方因此感到不悅，該怎麼辦？」

「不希望因此影響到工作……」

「如果對方覺得遭到指責就不大好了。」

類似這樣的想法，讓大部分的人幾乎不會在對話中主動做確認。**「確認」這件事的心理門檻本來就很高，很容易覺得「之後再問好了」，不斷拖延。**

然而，確認的工作一延再延，很容易使得話題就這樣偏離了原本的方向，再也拉不回來，最後對話就這樣結束了。**不能夠適時「確認」，不僅使得工作效率降低，也會讓人失去前進的動力。**

先前，我曾經參加一場為了解決某個問題而召開的會議。

會議上，大家此起彼落發表意見，但是在我看來，這些意見聽起來都只是表面功夫而已。於是，我直率地表達了我的想法：「大家討論的內容都只停留在表面，完全感受不到任何熱情。」沒想到，其中一位參與者立刻強烈反駁：「什麼叫做『沒有熱情』？」

後來我才知道，其實那位參與者跟我一樣都覺得「這些討論太淪於表面工夫了」，只是對我說的「沒有熱情」這句話有點意見而已。

我這個人很直接，想到什麼就講什麼。當我說出「沒有熱情」時，對方的感受是：「不是只有大聲說話、積極表達自己主張的人才有熱情。有些人很安靜，但是心中充滿熱情。憑什麼武斷地下結論，說別人『沒有熱情』呢？」，因此他覺得反感。

在會議結束後，我們長談，瞭解彼此的想法，這正是「確認」的過程。

透過「確認」的過程，我成功向對方傳達了我說「熱情不足」這句話的真正意涵，而對方也向我說明了他的想法，以及他對「熱情」的定義。這場對話不僅解開誤會，還讓當時整個團隊的關係變得更加緊密。

如果當時我們彼此認為「這個人跟我合不來」、「再也不想跟他互動了」而拒絕溝通，這個團隊很有可能就此瓦解。明明彼此有共識，都覺得「討論淪於表面工夫」，卻因為誤會沒有解開而使得團隊因此崩解的話，無疑是重大損失。

■ 步驟3：提問

克服了「確認」這道關卡之後，接下來就是「提問」的階段。

提問其實是一項難度很高的技巧，在許多培訓課程上，當講師問道：「大家有沒有問題？」時，現場通常會陷入一片沉默，沒有人舉手發問。因為大多數的人似乎都「不知道該如何發問」，甚至「不知道該問什麼」。即便問了，問題有時也經常過於抽象，例如：「什麼是『熱情』？」，像這種問題實在太大、太抽象了。

當別人問：「你最近如何？」，你是不是也很常覺得有點不知道該從何答起呢？這是因為這種問題太抽象了，不僅讓對方難以回答，你也很難得到自己真正想知道的答案。

提升提問力的關鍵就在於，要依據自己想知道的內容，分開運用「抽象」與「具體」的提問方式。只要降低抽象程度、讓問題更加具體，對方很容易就會給出你想要的答案。

舉例來說，「最近工作還順利嗎？」比「最近如何？」的提問方式具體多了。如果還能夠再進一步詢問：「不久前開始執行的那項專案，現在進展如何？」，像這樣的提問更聚焦、更具體，對方也更知道要怎麼回答。

提問時，「懷疑思考」也非常有用，因為能讓你從不同角度切入，問出更多具體且有深度的問題。

- **切換不同視角的提問範例**

【時間軸】

「過去發生什麼事？」

「現在的狀況如何？」

「未來希望達成什麼目標？」

【立場的差異】

「現場的實際狀況如何？」

「業務部門如何看待這件事？」

「從新人的角度來看，看到了什麼？」

透過「表達」、「確認」和「提問」這三個步驟，能夠幫助我們發現，很多時候誤以為

是「敵人」的人，其實跟自己有著共同的目標，也能夠幫助我們更深入理解對方的真正想法，甚至發掘問題的本質與核心。

運用懷疑思考時的注意事項

在第1章中，我們提過「批判」與「責難」兩者是不一樣的。「批判」為學術與研究領域廣泛使用，是一種能夠促進個人成長、有建設性的技術。然而，「責難」往往缺乏生產力，目的通常是傷害或貶低對方的價值。

為了明確區分兩者，組織內部必須建立共識，讓大家知道「批判本質上並非壞事，而是促使進步與成長所需要的回饋機制。」批判能夠提供我們前所未有的角度來審視事物；接受批判，能讓我們獲得許多寶貴的建議，刺激我們不斷成長進步。

為了讓批判能夠有效運作，打造一個「讓人安心的溝通環境」非常重要。職場環境要讓團隊成員能夠安心發言，無須擔心自己的意見會遭受攻擊或否定；換句話說，建立一個具有「心理安全感」的職場環境，是提升溝通品質

與工作效率的重要關鍵。

當團隊內部有下列共識時，成員就不會將批判誤解為非難。

「在這裡可以安心發表意見，不會有人指責或攻擊。」

「不曾有人因為發言而受到責難。」

「嚴格的指正與回饋，是為了讓彼此切磋求進步，而非出於惡意。」

對於發表意見的那一方來說，也不需要擔心，納悶「我這樣說，會不會讓對方感到不舒服？」，所以更能夠放心、坦率地表達自己的想法。

特別是上司對部屬的批判，往往容易被解讀成惡意攻擊。因此，上司在給予意見反饋時，應該先明確傳達：「我不是在責怪你，也沒有攻擊你的意思。」持續展現這樣的態度，有助於建立一個心理安全感充足的職場環境。

很多人在發表意見時，內心總是伴隨著各式各樣的煩惱與擔憂：「如果別人認為我的能力很差，該怎麼辦？」「萬一我的發言完全離題，會不會很丟臉？」像這樣一直處於否定自我的狀態，不僅生產力低，也很難培育出創新。這些煩惱與擔憂很容易讓人傾向保守，選擇「最安全的發言」，而非真正有價值的見解。

因此，溝通時必須建立「我們是在相互批判，而非純粹指責對方」的共識，實際在與他人互動時，也要隨時提醒自己：溝通是理性的批判，而非情緒化的責難。

■ 不止結論，還要傳達你的思考過程

在提出改善方案或策略時，只有說明結論，往往很難讓對方心服口服，甚至可能導致不必要的誤解，對人際關係帶來負面影響。

因此，在傳達意見時，除了結論之外，你也應該說明「是考量了哪些因素、經歷了哪些過程，才得到這個結論的？」，這樣才能讓對方「聽完後立刻明白」，提高提案的接受度。

如果你的工作量很大，甚至偶爾需要加班，但上司卻對你說：「你工作需要再努力一點」，請問你會有什麼感受？那樣說，恐怕沒

有人會覺得很正向愉快。

但如果上司在那句話之後立刻補充說明：「我認為所謂『工作能力強』的人，還必須做好健康管理和時間管理。與其被工作追著跑，不如反過來掌握工作，學習妥善管理待辦事項、提高工作效率，所以你工作需要再努力一點喔。」

假如上司能夠這樣說明，你不僅能夠理解他真正想要表達的意思，還會因為他的建議而察覺到任務管理的重要性。

這個例子說明了，假如我們在說話時，清楚表達主張的論理與邏輯脈絡，對方不僅能夠瞭解我們真正想要傳達的觀點，或許還能夠因此發現新的視角。

■ 發言時，要留意表達方式

在溝通過程中運用懷疑思考時，最容易引發衝突的情況就是「想到什麼就說什麼」。

「你這樣很奇怪耶。」

「你難道沒有從這個角度思考過嗎？」

像這樣，腦袋想到什麼就直接說什麼，這種溝通方式恐怕只會讓對方感到不愉快、覺得自己遭到責難。思考能力再好，若缺乏溝通能力，工作和人際互動依然窒礙難行。**腦袋裡怎麼想是個人的自由，但如果不經任何修飾就直接說出口，很可能會損害人際關係，必須多加留意。**

尤其是內心「批判犬」或「正義犬」特別強勢的人，往往容易不自覺地責備對方。責備怪罪不僅傷人，還會讓人際關係惡化，因此在傳達意見時，必須特別注意表達的方式與態度。

我有時會到企業去提供顧問服務，通常我會直接表達意見，例如：「這完全沒有必要吧？」「為什麼要做這件事，有何必要？」「這麼做恐怕不大好，建議中止。」這些其實都是一種「批判」，但是至今我從未因此遭到客訴，原因有兩個。

第一個是，我會事先取得對方同意，詢問：「我可以直接說出我的想法嗎？」

第二個就是，我會提供具體且客觀的根

據，來支持我的論述。

舉例來說，我可能會這樣說：「看了這份數據後，我發現A桑和B桑雖然隸屬不同單位，但是工作內容幾乎一模一樣，這顯示兩個部門之間沒有很好的連結與相互支援。如果加強資訊的互通和共享，B桑其實不需要做這份工作，可以把時間拿去做其他更重要的事。」

以具體資料和數據為依據的主張或論點，比較能夠說服對方，對方也比較不會將批評視為攻擊。

提出改善方案或策略時，也建議同樣的做法。如果只是單純提出結論，往往難以說服對方，因為對方無法理解「為什麼這件事很重要」。

向別人提議時，只是說「就這樣做吧！」或是「這樣不行！」是不夠的，因為對方無法理解你的想法。重點就在於，清楚傳達「這項提議好在哪裡」，讓對方明白你這麼說背後的理由，以及提案能夠帶來什麼樣的價值。

比方說，假設你和朋友打算在週末一起出遊，如果你提議時只說：「我們去看電影吧」，對方可能會有點疑惑：「為什麼？」但如果你補充道：「這部電影我期待很久了，感覺很好看！」朋友聽懂了之後，應該會比較容易接受你的提案：「喔，這樣呀。好呀！一起去看這部電影吧。」

也就是說，在提出改善方案或策略時，不是光提出來就算了，還要清楚說明提案好在哪裡、可以帶來什麼樣的好處。**想要說服別人接受你的提議、付諸實行，關鍵就在於，要讓對方理解你的想法背後的思考脈絡。**

培養「懷疑思考」的能力，能讓你察覺到過去從未注意過的全新觀點。「懷疑思考」有助於你突破現狀，找到解決問題的線索，激發創意和新的可能性。

「……是真的嗎？」請你試著在日常生活中增加思考的機會。持續這樣做，有助於鍛鍊「懷疑思考」，提升評估與判斷的能力。

歡迎你一起來實踐看看，享受「懷疑思考」的樂趣吧。

活用懷疑思考，讓垃圾變黃金，挖掘出過去從未發現的潛在需求。

掌握三步驟培養提問力，改善工作效率與人際互動。

想要說服別人接受你的提議、付諸實行，關鍵就在於，要讓對方理解你的想法背後的思考脈絡。

無論在職場或在家裡，打造一個「讓人安心的溝通環境」都非常重要。

後記

持續往下挖，打開新世界

「對事物抱持疑問與好奇，是開啟新世界的關鍵。」

這句話是我奉行的座右銘，我以此為鑑，在撰寫這本書的過程中，不斷地往下深掘何謂「懷疑思考」。認識我的人可能會感到很不可思議，覺得「我怎麼會挑選這個主題來寫書？」。

但仔細回顧過去，我的人生就是不斷地詢問自己：「那是真的嗎？」，然後不斷地持續前進。深入思考、懷疑身邊的事物，總能幫助我在人生中尋找到許多答案。

說實在的，我是個「煩惱重重」的人。

為什麼我會有這麼多煩惱呢？因為我總是往下深掘事物、不斷地深入思考。

「煩惱」，換個角度來看，其實也可說是一

種「思考」。以「懷疑」的角度，觀看各種現象和事物——「為什麼會這樣？」「怎麼會這樣？」「真的嗎？」「該怎麼辦才好？」這樣的人生態度，是我從孩提時期就養成的習慣，造就了現在的我。

我所成長的時代，充滿了「應該這樣做」、「這才是常識」、「這是對的，那是錯的」等等框架，可說是「『正解思考』的時代」。但我總是抱持著隨時懷疑身邊事物的精神——「那是真的嗎？」，尋找出屬於自己的答案，逐漸為自己找出定位。

其中，尤其是育兒教養的經驗，讓我有很多機會直視「唯一正解」的思維。

跟三個各有特色的孩子相處，為我的生活帶來了非常多的挑戰。而最讓我感到恐懼的就是，我很擔心自己會把「應該這樣做，應該那樣做，不這樣做不行」的價值觀和既定觀念強加在孩子身上，阻礙他們適性成長。

所以，我從我的孩子們很小時就跟他們說：「媽媽也會有弄錯的時候，希望你們要有自己的想法。」我之所以這麼說，是因為我怕自己的既定成見會傷害或妨礙到孩子，還有就是希望他們能夠學會自主思考、妥善表達意見，建立強韌的心理素質。

我自己也常常受到孩子們的質疑：「那是真的嗎？」「假如從另一個角度來看，你覺得如何呢？」「會不會其實那是錯誤的？」

每當我受到質疑和挑戰時，我觀看世界的角度和廣度，又會變得更寬闊一點。孩子們天真直率的回饋，給予我重新面對眼前各種事物的機會，也讓我學習和領悟到很多事情。

某一次，我先生曾經對我說：「我聽不大懂妳在說什麼」，一語點出了我的問題，這對我來說是一大重要轉機。從那一刻起，我意識到必須把自己的想法和感受，用別人更容易理解的方式表達出來。

我講話有很多擬聲詞和擬態詞，經常無法明確傳達意思給對方理解。我先生點出我的問題後，我意識到邏輯思考的重要性。我的工作涵蓋了系統開發，感覺起來我似乎從中學會了邏輯思考，但系統開發和表達技巧是兩件不同的事情。然而，感覺與邏輯兩者結合起來，讓我的思緒變得更加清楚明確，後來找到更簡單好懂的方式表達我的想法。

不僅在工作上，邏輯思考對於我的個人生活也有很大的幫助，已經成為我非常重要的技能之一。

思考力是幫助我們面對生活中諸多挑戰的重要能力。我從孩子身上學到多元觀點，另一半為我帶來許多思考上的刺激，這些進一步形塑了我的「懷疑思考」，成為我撰寫這本書的原動力。

希望本書能夠成為各位思考之旅的第一步，提供你坦誠面對自己的機會。

我們的思考隱藏著無限的可能。探索無限可能的旅程，就從現在開始。

探索新世界的門扉，已經來到你的面前，請你鼓起勇氣打開吧。

請對日常生活中習以為常的「常識」和

「固定觀念」投以疑問的眼光，尋求超越的可能性。我衷心期盼，你人生當中的這段「懷疑思考」之旅，能夠為你帶來發現新事物和成長的契機。

思考力是我們的重要寶物，不僅可以用於工作上，也可以用於人生各種場合上。希望各位充分利用思考力，度過充實豐富的美好人生。

非常感謝你閱讀這本書。

岡　佐紀子

Star星出版 財經商管 Biz 031

懷疑思考

認識偏誤，駕馭資訊與情緒，破框進階，提升你的核心競爭力

正しい答えを導くための疑う思考

作者 —— 岡　佐紀子
譯者 —— 謝敏怡

總編輯 —— 邱慧菁
特約編輯 —— 吳依亭
校對 —— 李蓓蓓
封面設計 —— 李岱玲
內頁排版 —— 立全電腦印前排版有限公司

出版 —— 星出版／遠足文化事業股份有限公司
發行 —— 遠足文化事業股份有限公司（讀書共和國出版集團）
231 新北市新店區民權路 108 之 4 號 8 樓
電話：886-2-2218-1417
傳真：886-2-8667-1065
郵撥帳號：19504465 遠足文化事業股份有限公司
客服專線 0800221029

法律顧問 —— 華洋法律事務所 蘇文生律師
統包廠 —— 東豪印刷事業有限公司

出版日期 —— 2025 年 06 月 25 日第一版第一次印行
定價 —— 新台幣 420 元
書號 —— 2BBZ0031
ISBN —— 978-626-99357-9-6

星出版讀者服務信箱 —— starpublishing@bookrep.com.tw
讀書共和國網路書店 —— www.bookrep.com.tw
讀書共和國客服信箱 —— service@bookrep.com.tw
歡迎團體訂購，另有優惠，請洽業務部：886-2-22181417 ext. 1132 或 1520

國家圖書館出版品預行編目（CIP）資料

懷疑思考：認識偏誤，駕馭資訊與情緒，破框進階，提升你的核心競爭力／岡 佐紀子著；謝敏怡 譯 .－第一版 .－新北市：星出版，遠足文化事業股份有限公司，2025.06；272 面；
13x19 公分 .--（財經商管；Biz 031）.
譯自：正しい答えを導くための疑う思考

ISBN 978-626-99357-9-6（平裝）

1.CST：思考 2.CST：思維方法

176.4　　114004549

新觀點
新思維
新眼界

Star
星出版